BEI GRIN MACHT SICH IHR
WISSEN BEZAHLT

Bibliografische Information der Deutschen Nationalbibliothek:

Die Deutsche Bibliothek verzeichnet diese Publikation in der Deutschen National-
bibliografie; detaillierte bibliografische Daten sind im Internet über http://dnb.d-
nb.de/ abrufbar.

Impressum:

Copyright © 2016 GRIN Verlag, Open Publishing GmbH
Druck und Bindung: Books on Demand GmbH, Norderstedt Germany
ISBN: 9783668376984

Dieses Buch bei GRIN:

http://www.grin.com/de/e-book/351402/das-bilanzrichtlinien-umsetzungsgesetz-
aenderungen-bei-den-umsatzerloesen

Marc Breckner

Das Bilanzrichtlinien-Umsetzungsgesetz. Änderungen bei den Umsatzerlösen und deren Auswirkungen auf das Rating

Eine kritische Würdigung

GRIN Verlag

GRIN - Your knowledge has value

Der GRIN Verlag publiziert seit 1998 wissenschaftliche Arbeiten von Studenten, Hochschullehrern und anderen Akademikern als eBook und gedrucktes Buch. Die Verlagswebsite www.grin.com ist die ideale Plattform zur Veröffentlichung von Hausarbeiten, Abschlussarbeiten, wissenschaftlichen Aufsätzen, Dissertationen und Fachbüchern.

Besuchen Sie uns im Internet:

http://www.grin.com/

http://www.facebook.com/grincom

http://www.twitter.com/grin_com

Bachelorarbeit

Studiengang Wirtschaftsrecht

6. Fachsemester

Das Bilanzrichtlinien-Umsetzungsgesetz – Änderungen bei den Umsatzerlösen und deren
Auswirkungen auf das Rating: Eine kritische Würdigung

Vorgelegt von:

Marc Breckner

Hochschule Mainz, University of Applied Sciences

Fachbereich Wirtschaft

eingereicht am

01.10.2016

Inhaltsverzeichnis

I

Abkürzungsverzeichnis

Abb.	Abbildung
Abs.	Absatz
ADS	Adler/Düring/ Schmaltz (siehe Schrifttum)
a.F.	alte Fassung
AktG	Aktiengesetz
Art.	Artikel
BeBiKo	Beck´scher Bilanz-Kommentar
Begr.	Begründung
BC	Zeitschrift für Bilanzierung, Rechnungswesen und Controlling
BGB	Bürgerliches Gesetzbuch
BGBl	Bundesgesetzblatt
BilanzR	Bilanzrecht
BilMoG	Bilanzrechtsmodernisierungsgesetz
BilRUG	Bilanzrichtlinie-Umsetzungsgesetz
BiRiLiG	Bilanzrichtlinien-Gesetz
BMF	Bundesministerium der Finanzen
BT-Druck	Bundestags-Drucksache
Bürokratieentlastungsgesetz	Gesetzes zur Entlastung insbesondere der mittelständischen Wirtschaft von Bürokratie
ca.	Circa
c.p.	ceteris paribus
d.h.	das heißt
DRSC	Deutsches Rechnungslegungs Standards Committee

DStR	Deutsches Steuerrecht
EBIT	Earnings before Interests and Taxes
EG	Europäische Gemeinschaft
EGHGB	Einführungsgesetz zum Handelsgesetzbuch
€	Euro
EU	Europäische Union
etc.	et cetera
EWR	Europäischer Wirtschaftsraum
F&E	Forschung und Entwicklung
ff.	fortfolgend
gem.	gemäß
ggf.	gegebenenfalls
GKV	Gesamtkostenverfahren
GmbHG	Gesetz betreffend die Gesellschaften mit beschränkter Haftung
GoB	Grundsätze ordnungsmäßiger Buchführung
grds.	grundsätzlich
GuV	Gewinn- und Verlustrechnung
HFA	Hauptfachausschuss des IDW
HGB	Handelsgesetzbuch
hl	Hektoliter
h. M.	herrschende Meinung
Hrsg.	Herausgeber
i.d.R.	in der Regel
IDW	Institut der Wirtschaftsprüfer
IFRS	International Financial Reporting Standard
i.S.d.	im Sinne des

i.V.m.	in Verbindung mit
KMU	kleine und mittlere Unternehmen
MicroBilG	Kleinstkapitalgesellschaften-Bilanzrechtsänderungsgesetz
MünchKomm	Münchner Kommantar
MünchKomm HGB	Münchner Kommentar zum Handelsgesetzbuch (siehe Schrifttum)
n.F.	neue Fassung
Nr.	Nummer
PublG	Publizitätsgesetz
RabattG	Rabattgesetz
RegE	Regierungsentwurf
RL	Richtlinie
Rn.	Randnummer
ROI	Return on Investment
S.	Seite(n)
sbE	sonstige betriebliche Erträge
Sonst.	sonstige
StB	Steuerberater
u.a.	unter anderem
udgl.	Und dergleichen
UKV	Umsatzkostenverfahren
UStG	Umsatzsteuergesetz
vgl.	vergleiche
WP	Wirtschaftsprüfer
z.B.	zum Beispiel

Abbildungsverzeichnis

A. Problemstellung und Ziel der Untersuchung

Das Bilanzrichtlinie-Umsetzungsgesetz soll die Rechnungslegung einzelner Unternehmen und Konzerne harmonisieren, sowie die Überarbeitung der Rechtsrahmen der Rechnungslegung auf europäischer Ebene vorantreiben. Dies erfolgte mit dem wesentlichen Ziel von Bürokratieabbau auf europäischer Ebene mit der Bilanz-RL 2013/34/EU, die am 17.07.2015 in nationales Recht in Kraft trat. Den Grund für die Umsetzung sah der Gesetzgeber in dem Anstieg des grenzüberschreitenden Handels, sodass der Rechtsrahmen nicht mehr ausreichend war. Auch sollten redaktionelle Korrekturen der beiden vergangenen HGB-Reformen MicroBilG und BilMoG vorgenommen werden.[1] Die erneuten Gesetzesänderungen durch das BilRUG werden in den Unternehmen und Prüfungs- und Beratungsunternehmen zu Umsetzungsproblemen in der Praxis führen.[2] Eine entscheidende Änderung ist die neue Definition der Umsatzerlöse nach § 277 Abs. 1 HGB mit der der Umfang der Umsatzerlöse erweitert wurde und somit eine große Abweichung von der bisherigen Definition entsteht.[3] Bisher galt, dass der Umsatz alle Erlöse aus dem Verkauf und der Vermietung oder Verpachtung von für die Geschäftätigkeit typischen Erzeugnissen und Waren, sowie für die Geschäftätigkeit typischen Dienstleistungen enthält. Der Bezug zur gewöhnlichen Geschäftätigkeit spielt in § 277 Abs. 1 HGB n.F. keine Rolle mehr bei der Abgrenzung zwischen Umsatzerlösen und den sonst. betrieblichen und außerordentlichen Erträgen. Dies führt zu einem Umsatzausweis der sonst. betrieblichen und außerordentlichen Erträgen, sodass die Umsatzerlöse ausgeweitet werden und die sonst. betriebliche und außerordentliche Erträge sich verringern.[4] Die Abgrenzung von Produkt und Dienstleistung wird bei der Umsatzerlösabgrenzung entscheidend sein, was in manchen Fällen einzeln geprüft werden muss[5], da dies zu einem unterschiedlichen Ausweis der Erlöse führen kann.[6] Auch werden künftig Steuern, die direkt mit dem Umsatz verbunden sind von den Umsatzerlösen abgezogen, wodurch sich das Bild der Ertragslage verzehren könnte gem. § 264 Abs. 2 HGB und gegen handelsrechtliche Grundregeln verstoßen werden könnte. Weitere Probleme der Ausweitung der Umsatzerlöse könnten sich nicht nur in der GuV und Bilanz auswirken, sondern könnten sich aus den betrieblichen Kennzahlen, vertraglichen Vereinbarungen[7] und des internen Ratings ergeben. Insbesondere die Bedeutung des Ratings ist stetig gestiegen und

---

[1] RegE vom 23.01.2015 (BT-Druck 23/15).
[2] Vgl. *Zwirner*, BilRUG - Gesetze, Materialien, Kommentierung, S. 391.
[3] Vgl. *Schmidt / Rosarius*, Bilanz+Buchhaltung, 10/2015, S. 22.
[4] Vgl. *Zwirner*, BC 2015, S. 540.
[5] Vgl. *Zwirner*, BC 2015, S. 539 ; vgl. *Zwirner*, BilRUG - Gesetze, Materialien, Kommentierung, S. 472.
[6] Vgl. *Zwirner*, BilRUG - Gesetze, Materialien, Kommentierung, S. 475-478.
[7] Vgl. *Zwirner*, BC 2015, S. 543.

hat maßgebenden Einfluss auf die Finanzierung der Unternehmen.[8] Des Weiteren wurden die Grenzwerte für die Größenklassifizierung i.S.d. § 267 HGB von Kapitalgesellschaften und deren gleichgestellten Personengesellschaften nach § 264a HGB angehoben. Sinn und Zweck der Anhebung der Grenzwerte ist unter anderem, dass Unternehmen entlastet werden.[9] Allerdings hat die Höhe der Umsatzerlöse i.S.d. § 277 Abs. 1 HGB zur Klassifizierung der Größe einen maßgeblichen Einfluss.[10] Fraglich ist dabei, ob dies in Verbindung mit der Ausweitung der Umsatzerlöse gegen den Sinn und Zweck des Gesetzgebers führt, denn wenn die Schwellenwerte angehoben werden und die Umsatzerlöse ausgeweitet werden, könnte dies dazu führen, dass der erhoffte Bürokratieabbau und die Erleichterungen kleiner und mittelständiger Unternehmen wegfallen wird. Die Änderungen in Bezug auf die Größenklassifizierungen in Verbindung mit der neuen Definition der Umsatzerlöse dürfen bereits freiwillig für die Geschäftsjahre angewendet werden, die nach dem 31.12.2013 beginnen, wenn die Abschlüsse noch offen sind.[11] Allgemein gilt eine verpflichtende Anwendung ab dem 1. Januar 2016.[12]

Mit dieser Arbeit sollen zwei Ziele verfolgt werden, erstens soll sich mit den einhergehenden Gesetzesänderungen bei der Bilanzierung und deren Auswirkungen durch das BilRUG mit Bezug auf den Umsatzerlösen auseinander gesetzt werden. Zweitens soll festgestellt werden, ob sich durch die Neudefinition der Umsatzerlöse Auswirkungen auf das interne Rating der Unternehmen ergeben. Hierzu werden die Auswirkungen anhand von Beispielfällen erläutert und analysiert. Anschließend werden die Erkenntnisse, inwiefern die Änderungen einen Einfluss auf das interne Rating haben, betrachtet und kritisch gewürdigt.

B. Grundlagen

I. Funktionen und Bestandteile des Jahresabschlusses

Nach § 242 Abs. 1 HGB ist jeder Kaufmann verpflichtet zu Beginn und am Schluss jedes Geschäftsjahres eine Bilanz anzufertigen, die die Verhältnisse des Vermögens und der Schulden darstellt. Weiterhin ist jeder Kaufmann verpflichtet eine GuV anzufertigen, die die Erträge und die Aufwendungen gegenüberstellt nach § 242 Abs. 2 HGB. Somit bildet die Bilanz und die GuV den Jahresabschluss i.S.d. § 242 Abs. 3 HGB. Allerdings wird der Jahresabschluss bei Kapitalgesellschaften um den Anhang erweitert, der mit der Bilanz und

---

[8] Vgl. *Grunewald/Schlitt*, Einführung in das Kapitalmarktrecht, § 5, III, 1, d ; vgl. *Fey*, Beck'sches Steuer- und Bilanzrechtslexikon, Rating, 2/16, Rn. 1.
[9] Vgl. *Müller/Lange/Kreipl*, Bilanz+Buchhaltung, 10/2014, S. 22-23.
[10] Vgl. *Lawall/Winkeljohann*, BeBiKo, HGB, 2016, § 267 Rn. 7.
[11] Vgl. *Müller*, Bilanz+Buchhaltung, 12/2015, S. 24 ; vgl. *Zwirner*, DStR 2014, S. 1786.
[12] Vgl. *Zwirner*, DStR 2015, S. 376.

der GuV eine Einheit bildet und ein Lagebericht muss erstellt werden gem. 264 Abs. I HGB. Jedoch ist der Lagebericht bei kleinen Kapitalgesellschaften i.S.d. § 267 Abs. 1 HGB entbehrlich nach § 264 Abs. 1 Satz 4 HGB. Kleingewerbetreibende Einzelkaufleute können sich von der Erstellung eines Jahresabschlusses befreien lassen, wenn an zwei aufeinanderfolgenden Abschlussstichtagen die Umsatzerlöse weniger als 600.000€ und der Jahresabschluss kleiner als 60.000€ sind gem. § 241a Satz 1 HGB. Die Grenzwerte zur Befreiung der Erstellung des Jahresabschlusses wurden durch das Bürokratieentlastungsgesetz angehoben und sind nach dem 01.01.2016 beginnenden Geschäftsjahres anzuwenden.[13] Allgemein hat der Jahresabschluss eine Informationsaufgabe, die sich aus den Schutzbedürfnissen bestimmter Gruppen ableitet. Dazu zählen insbesondere die Anteilseigner, Gläubiger, Arbeitnehmer und die allgemeine Öffentlichkeit.[14]

1. Handelsrechtliche Ziele des Jahresabschlusses

Der Zweck dem die Bilanzaufstellung dient wird trotz der im Handelsrecht enthaltenen Bestimmungen nicht explizit bestimmt. Zwar wird in § 264 Abs. 2 HGB vorgeschrieben, dass der Jahresabschluss einer Kapitalgesellschaft unter Beachtung der GoB ein den tatsächlichen Verhältnissen entsprechenden Bild der Vermögens-, Finanz-, und Ertragslage zu vermitteln hat. Jedoch ist die Vorschrift selbst ohne Bezug der GoB mit dem Ziel der Vermögensermittlung zu unpräzise und der Verweis auf die GoB bei der Bestimmung der Vermögens-, Finanz-, und Ertragslage ist nicht zweckführend, da nach h. M. die GoB aus den Jahresabschlusszielen abzuleiten sind. Dies geht aus dem 2. Art. der 4. EG-Richtlinie „True and fair view" hervor woraus § 264 Abs. 2 HGB beruht.[15] Durch das Einblicksgebot wird der Informationszweck des Jahresabschlusses verdeutlicht und betrifft somit die drei ausgewählten Bestandteile der Gesamtlage, Vermögen, Finanzen und Ertrag, nicht den allgemeinen Einblick in die wirtschaftliche Lage.[16] Eine Funktion des Jahresabschlusses ist die Informationsbereitstellung an den Beteiligten des Unternehmens. Die Informationen sollen dazu dienen den Ausmaß und den Sicherheitsgrad der Beteiligung abschätzen zu können. Aus diesem Grund besteht der Jahresabschluss aus mehreren Bestandteilen. Die Informationsbereitstellung als Hauptfunktionen wird verdeutlicht in dem der Gesetzgeber den Anhang mit umfangreichen Informations- und Erläuterungspflichten als verpflichtenden Bestandteil des Jahresabschluss aller Kapitalgesellschaften und die Verpflichtung zur Erstellung eines Lageberichts bei Kapitalgesellschaften ab mittlerer Größe kodifizierte.

---

[13] Vgl. Artikel 1 und 2 des Gesetzes vom 28. Juli 2015, BGBl. I S. 1400.
[14] Vgl. *Coenenberg/Halle /Schultze*, Jahresabschluss und Jahresabschlussanalyse, S. 17.
[15] Vgl. *Hüttemann*, HGB §264, Rn. 13.
[16] Vgl. *Hüttemann*, HGB §264, Rn. 28-32.

Die weitere Funktion des Jahresabschlusses ist die Gewinnermittlung als Grundlage zur Regelung von Zahlungsbemessungsinteressen wie Dividenden. Allerdings, trotz der gesetzlichen Regelungen und den GoB erhält der Jahresabschluss Ungenauigkeiten.[17]

2. Grundsätze ordnungsmäßiger Buchführung

Den Begriff der GoB hat der Gesetzgeber, die von wichtiger Bedeutung bei der Erstellung des Jahresabschlusses sind, nicht definiert.[18] Lediglich wurden Vorschriften über die Führung von Handelsbüchern[19] durch Inhalte der 4. EG-RL mit bereits nicht kodifizierten GoB erweitert.[20] So besagt § 243 Abs. 1 HGB, dass alle Kaufleute den Jahresabschluss nach den GoB erstellen müssen und § 238 Abs. 1 HGB, dass Bücher zu führen sind nach den GoB, um die Vermögenslage ersichtlich zu machen. Es gelten Grundsätze, die sich in formelle und materielle Grundsätze untergliedern lassen. Zu den formellen Grundsätzen gehören, der Grundsatz der Bilanzklarheit[21], der besagt, dass der Jahresabschluss klar und übersichtlich sein muss gem. § 243 Abs. 2 HGB. Der Zweck des Grundsatz der Bilanzklarheit ist bei Kapital- und Personengesellschaften i.S.d. § 264a HGB erweitert, dass der Jahresabschluss den internen Adressaten, wie u.a. das Management und externe Adressaten wie z.B. Gläubiger und Anteilseigner ein den tatsächlichen Verhältnissen entsprechendes Bild der Vermögens-, Finanz- und Ertragslage zu vermitteln hat gem. § 264 Abs. 1 HGB. Die Klarheit und Übersichtlichkeit der Bilanzierung wird durch eine entsprechende Gliederung der GuV und der Bilanz erreicht, bei der einzelne Bilanzpositionen gegen andere Positionen in der Bilanz abgegrenzt werden und inhaltlich knapp dargestellt werden.[22] Die Vorschrift des § 264 Abs. 1 HGB wird entkräftet durch § 264 Abs. 2 HGB, wenn ein den tatsächlichen Verhältnissen entsprechendes Bild der Vermögens-, Finanz- und Ertragslage nicht zu vermitteln ist, dann sind zusätzliche Angaben im Anhang zu machen. Im Anhang sind Erläuterungen zu den Posten der Bilanz und GuV sowie zusätzlichen Angaben zu machen gem. § 285 HGB. Bei Kapitalgesellschaften wird die Klarheit und Übersichtlichkeit durch den Lagebericht erhöht.[23] Ein weiterer Grundsatz ist der Grundsatz der Bilanzwahrheit, dieser ist nicht kodifiziert und besagt, dass die Bilanzansätze den Bilanzzweck zu erfüllen haben, der

---

[17] Vgl. *Coenenberg/Haller/Schultze*, Jahresabschluss und Jahresabschlussanalyse, S. 17-21.
[18] Vgl. *Wöhe/Mock*, Die Handels- und Steuerbilanz, S. 81.
[19] Vgl. §§ 38-47b HGB a.F.
[20] Vgl. *Wöhe/Kußmaul*, Grundzüge der Buchführung und Bilanztechnik, S. 35.
[21] Vgl. *Wöhe/Kußmaul*, Grundzüge der Buchführung und Bilanztechnik, S. 36.

[22] Vgl. *Wöhe/Mock*, Die Handels- und Steuerbilanz, S. 86.
[23] Vgl. *Wöhe/Mock*, Die Handels- und Steuerbilanz, S. 86.

den besten Einblick gewährt i.S.d. § 264 Abs. 2 HGB.[24] Auch muss der Jahresabschluss der Vorschrift des § 246 HGB entsprechen, dass mit § 246 Abs. 3 den Grundsatz der Kontinuität beinhaltet.[25]

II.   Ziele und Zweck des Ratings

Unternehmen benötigen für ihre unternehmerische Tätigkeiten Finanzierungen, die zu günstigen Konditionen bereitgestellt werden sollen. Dabei tragen die Fremdkapitalgeber das Risiko im Falle einer Insolvenz des Unternehmens. Um dieses Risiko der Fremdkapitalgeber einschätzen und bewerten zu können wird durch das Rating die Ausfallwahrscheinlichkeit ermittelt, sowie die Bonität und damit die Kreditwürdigkeit ermittelt.[26] Die Bonität beurteilt, ob der Kreditnehmer in der Lage ist, Zins- und Tilgungsverpflichtungen fristgerecht in voller Höhe nachzukommen.[27] Letztendlich hat das Rating Einfluss auf die Finanzierungsmöglichkeiten und die Höhe des Kreditzinses.[28]

III.   Ziele des Gesetzgebers durch BilRUG

Die Ziele des BilRUG sind, dass die nationalen Rechnungslegungsstandards an die der einzelnen Mitgliedsstaaten der EU angepasst werden und dass kleine und mittlere Unternehmen durch Bürokratieabbau weniger belastet werden.[29] Auch sollen durch die Anpassung der Rechnungslegung innerhalb der EU Jahresabschlüsse vergleichbarer sein[30] und die Vorschriften leichter anzuwenden sein. Des Weiteren sollen redaktionelle Korrekturen der früheren bilanzrechtlichen Änderungen erfolgen, um Klarstellungen vorzunehmen.[31] Diese Ziele sollen durch die wesentlichen Änderungen der Anhebung der Schwellenwerte[32], den Änderungen der Angaben im Anhang[33], Änderungen im Ausweis und die Neugliederung der GuV erreicht werden.[34] Die Neudefinition der Umsatzerlöse ist ebenfalls eine wesentliche Änderung[35] allerdings handelt es sich dabei um Folgeänderungen

---

[24] Vgl. *Wöhe/Kußmaul*, Grundzüge der Buchführung und Bilanztechnik, S. 38 ; vgl. *Wöhe/Mock*, Die Handels- und Steuerbilanz, S. 87.

[25] Vgl. *Brox/Henssler*, Handelsrecht, Rn. 187.

[26] Vgl. *Gleißner/Füser*, Praxishandbuch Rating und Finanzierung, S. 11.

[27] Vgl. *Fey*, Beck'sches Steuer- und Bilanzrechtslexikon, Rating, 2/16, Rn. 2-3.

[28] Vgl. *Gleißner/Füser*, Praxishandbuch Rating und Finanzierung, S. 1.

[29] Vgl. *Hendricks*, BilRUG für Praktiker, S. 1.

[30] Vgl. *Zwirner*, BilRUG - Gesetze, Materialien, Kommentierung, S. 245.

[31] Vgl. *Zwirner*, BilRUG - Gesetze, Materialien, Kommentierung, S. 375.

[32] Vgl. *Zwirner*, BilRUG - Gesetze, Materialien, Kommentierung, S. 319 ; vgl. BT-Druck 18/5256 S. 78.

[33] Vgl. *Zwirner*, BilRUG - Gesetze, Materialien, Kommentierung, S. 246 ; vgl. BT-Druck 23/15 S. 47-48.

[34] Vgl. *Hendricks*, BilRUG für Praktiker, S. 40-50 ; vgl. Art. 1 Nr. 10 BT-Druck 23/15 S. 71-72.

[35] Vgl. *Zwirner*, BilRUG - Gesetze, Materialien, Kommentierung, S. 471.

die sich durch die Neugliederungen und Streichungen von Posten der Bilanz und GuV ergeben haben.[36]

IV. Zusammenhänge zwischen Jahresabschluss, Rating und BilRUG

Der Jahresabschluss soll i.S.d. § 264 Abs. 2 HGB entsprechen. Durch die Neuregelung der Umsatzerlöse, die eine bedeutende Kennzahl ist, und mit dem Wegfall der Posten für außerordentlichen Erträge und Aufwendungen in der GuV weiten sich die Umsatzerlöse aus ohne dass sich die Ertragslage verändert.[37] Ein Vorgang des Rating-Prozesses ist die Jahresabschlussanalyse, bei der die betrieblichen Vorgänge und Kennzahlen aufbereitet und ausgewertet werden.[38] Die Neudefinition der Umsatzerlöse und der daraus resultierende Anstieg der Umsatzerlöse, führen zu Veränderungen mit den damit verbundenen Kennzahlen und zu einer veränderten Darstellung der Vermögens- und Ertragslage.[39] Somit führen die veränderten Kennzahlen zu anderen Ergebnissen bei der Auswertung des Rating-Prozesses.[40]

C. Die Bilanzierung der Umsatzerlöse vor dem BilRUG

I. Definition der Umsatzerlöse und deren Abgrenzung

Als Umsatzerlöse wurden vor dem BilRUG, die Erlöse aus dem Verkauf und der Vermietung oder Verpachtung von für die gewöhnliche Geschäftätigkeit der Kapitalgesellschaft typischen Erzeugnissen und Waren sowie aus von für die gewöhnliche Geschäftätigkeit der Kapitalgesellschaft typischen Dienstleistungen nach Abzug von Erlösschmälerungen und der Umsatzsteuer auszuweisen, nach § 277 Abs. 1 HGB a.F. definiert. Abgegrenzt werden die Umsatzerlöse von den außerordentlichen Erträgen und von den sonst. betrieblichen Erträgen. Außerordentliche Erträge entstehen bei Geschäftsvorgängen, die weder regelmäßig anfallen, noch der gewöhnlichen Geschäftätigkeit zugeordnet werden können. Dagegen lassen sich sonst. betriebliche Erträge dem eigentlichen betrieblichen Leistungsbereich zuordnen, jedoch fallen diese außerhalb der gewöhnlichen Geschäftätigkeit an.[41] Als Beispiel für sonst. betriebliche Erlöse sind Einnahmen aus Nebenbetrieben, dazu gehören u.a. Einnahmen aus Kantinen, Werksküchen, etc., die den sonst. betrieblichen Erlösen zuzuordnen sind, da diese zwar regelmäßig anfallen, jedoch nicht der gewöhnlichen Geschäftätigkeit zu zuordnen

---

[36] Vgl. *Zwirner*, BilRUG - Gesetze, Materialien, Kommentierung, S. 274 ;
vgl. Art. 2 Nr. 5 RL 2013/34/EU ; vgl. §§ 275, 277 Abs. 4 HGB-E.
[37] Vgl. *Zwirner*, BilRUG - Gesetze, Materialien, Kommentierung, S. 320.
[38] Vgl. *Gleißner/Füser*, Praxishandbuch Rating und Finanzierung, S. 78 ; vgl. *Everling*, Finanzrating, S. 8.
[39] Vgl. *Zwirner*, BilRUG - Gesetze, Materialien, Kommentierung, S. 487-488.
[40] Vgl. *Haaker*, DStR 2015, Rn. 963.
[41] Vgl. *Wobbe*, HGB, § 275, Rn. 58-59.

sind.[42] Ein Beispiel für außerordentliche Erträge sind Erträge die aus Schenkungen stammen, da diese selten anfallen und kein typischer Geschäftsvorgang darstellt.[43] Eine klare Abgrenzung zwischen Umsatzerlösen und sonst. betrieblichen Erlösen ist schwierig, im Einzelfall umstritten und bieten Argumentations- und Ermessensspielräume, die auch bei der Bilanzpolitik entscheidend waren.[44] Der Ausweis und die richtige Ermittlung der Umsatzerlöse sind wichtig, da die Umsatzerlöse als Kennzahl eine unbestritten herausragende Bedeutung zugewiesen wird insbesondere bei finanzmathematischen Kennzahlen und Bewertungen.[45] So wurde der Begriff der Umsatzerlöse je nach Verwendungszweck weiter und enger ausgelegt.[46]

1. Weite Auslegung des Begriffes Umsatzerlöse

Die weiteste Auslegung der Umsatzerlöse richtet sich nach dem Umsatzsteuerrecht. Umsätze werden nach § 1 UStG als Lieferungen und sonst. Leistungen, die gegen Entgelt im Rahmen eines Unternehmens ausgeführt werden definiert. Dies beinhaltet somit jeden Leistungsaustausch eines Unternehmens.[47]

2. Enge Auslegung des Begriffes Umsatzerlöse

Nach der enggefassten Auslegung der Definition der Umsatzerlöse werden Erlöse den Umsatzerlösen zugeordnet, wenn diese typisch für die gewöhnliche Geschäftätigkeit sind.[48] Durch die Begriffe gewöhnlich und typisch wird der Begriff Umsatzerlöse handelsrechtlich enger gefasst als die Umsätze die dem UStG unterfallen.[49] Somit betreffen Umsätze Erlöse, die aus den eigentlichen Betriebsleistungen generiert werden.[50] Die Umsatzerlöse geben Auskunft über wichtige betriebliche Kennzahlen, Strukturen und der Ertragslage des Unternehmens, sowie gibt es Auskunft als Vergleichsgröße zu anderen Marktteilnehmern über die Marktposition und dem Erfolg am Markt[51] Dies ist der Grund, weshalb die weite Auslegung des Begriffes der Umsatzerlöse gem. § 1 UStG nicht maßgeblich ist, da die Umsatzerlöse Auskunft über die Ertragslage aus der operativen Tätigkeit geben und somit von sonst. betrieblichen Erträgen und außerordentlichen Erträgen ausdrücklich abgegrenzt werden

---

[42] Vgl. ADS, § 277 HGB, Rn. 5 und 18.
[43] Vgl. *Wobbe*, HGB, § 277, Rn. 16.
[44] Vgl. *Zwirner*, BilRUG - Gesetze, Materialien, Kommentierung, S. 472 ; vgl. *Peun/Schmidt*, BeBiKo, HGB, 2016, § 275 Rn. 45.
[45] Vgl. *Kessler/Freisleben*, MünchKomm zum Bilanzrecht, § 277 HGB, Rn. 4.
[46] Vgl. ADS, § 277 HGB, Rn. 5.
[47] Vgl. ADS, § 277 HGB, Rn. 5.
[48] Vgl. *Wobbe*, HGB, § 275, Rn. 50.
[49] Vgl. *Winnefeld*, Bilanz-Handbuch, Rn. 145.
[50] Vgl. ADS, § 277 HGB, Rn. 5.
[51] Vgl. *Reiner/Haußer*, in MünchKomm HGB, § 277, Rn. 3.

müssen.[52] Dies geht nach einhelliger Meinung durch die Abgrenzung der außerordentlichen Erträge hervor i.S.d. § 277 Abs. 4 HGB. Außerordentliche Erträge grenzen sich dadurch ab, dass sie ungewöhnliche, untypische und selten auftretende Geschäftsvorgänge darstellen.[53] Demnach muss geprüft werden, ob die Erlöse der engeren Geschäftstätigkeit zuzuordnen sind oder ob es sich um Erlöse aus Nebengeschäften und –verwertungen handelt.[54]

3. Stellungnahme

Folglich weicht die weite Definition der Umsatzerlöse nach dem UStR erheblich von der an das Handelsrecht angelehnte Umsatzerlösdefinition ab.[55] Zwar würden nach der weiten Auslegung alle Leistungsaustausche miteinbezogen werden. Jedoch spricht dagegen, dass dies gegen den Zweck des Jahresabschlusses ist, wodurch betriebliche Kennzahlen, Strukturen und der Ertragslage des Unternehmens verwässert werden, denn die Umsatzerlöse, die über die Ertragslage der operativen Tätigkeit informieren, müssen von den sonst. und außerordentlichen Erträgen abgegrenzt werden.

II. Gewöhnliche Geschäftstätigkeit

Nach dem Wortlaut des § 277 Abs. 1 HGB a.F. ist die Gewöhnlichkeit der Geschäftsvorgänge ein entscheidendes Merkmal zur Abgrenzung, ob es sich um Umsatzerlöse i.S.d. § 277 Abs. 1 HGB a.F., um außerordentliche Erträge nach § 277 Abs. 4 HGB a.F. oder um sonst. betriebliche Erträge handelt.[56] Außerordentliche Erträge liegen dann vor, wenn diese außerhalb der gewöhnlichen Geschäftstätigkeit anfallen gem. § 277 Abs. 4 Satz 1 HGB. Charakteristisch für die gewöhnliche Geschäftstätigkeit der jeweiligen Unternehmen ist, dass die Erlöse aus der eigentlichen Betriebsleistung entstehen. Allerdings zählen auch Erlöse die selten auftreten, die aber zur gewöhnlichen Geschäftstätigkeit des Unternehmens gehören, zu den Umsatzerlösen dazu.[57] Es muss bei Geschäftsvorfällen für Produktions-, Handels- und Dienstleistungsunternehmen individuell entschieden werden, welche zu dem eigentlichen betrieblichen Leistungsbereich des Unternehmens gehören und welche nicht zu den gewöhnlichen Geschäftsvorfällen zugeordnet werden können. So ist der betriebliche Leistungsbereich bei einem Produktionsunternehmen auf den Verkauf von Handelswaren und fertigen Erzeugnissen bezogen[58], somit alles was das Unternehmen regelmäßig produziert und

---

[52] Vgl. *Reiner/Haußer*, in MünchKomm HGB, § 277, Rn. 9.
[53] Vgl. *Wobbe*, HGB, § 277, Rn. 10-13.
[54] Vgl. *Wobbe*, HGB, § 275, Rn. 50.
[55] Vgl. *Wobbe*, HGB, § 275, Rn. 56.
[56] Vgl. ADS, § 277 HGB, Rn. 5.
[57] Vgl. *Wobbe*, HGB, § 275, Rn. 50-51.
[58] Vgl. *Wobbe*, HGB, § 275, Rn. 59-60.

absetzt[59], sodass die sich daraus ergebenen Erträge als Umsatzerlöse auszuweisen sind. Jedoch gehören zu den Umsatzerlösen eines Produktionsunternehmens Erlöse, vorausgesetzt diese sind branchenüblich und keine Seltenheit in dem Unternehmen, aus dem Verkauf von unfertigen Erzeugnissen und Halbfabrikationen, sowie nicht mehr benötigter Vorräte. Dazu zählen auch, wenn die Voraussetzungen erfüllt sind, der Verkauf von Abfall-, Spalt- und Kuppelprodukten.[60] Dies gilt insbesondere dann, wenn diese Verkäufe in einem Verhältnis zu der Produktion stehen.[61] Des Weiteren gehören Erlöse aus Überlassungen von Mitarbeitern und Maschinen zu den Umsatzerlösen, wenn diese regelmäßig erzielt werden und in Zusammenhang mit dem Fertigungsprogramm der Unternehmen stehen. Bei Handelsunternehmen entsprechen Erlöse der gewöhnlichen Geschäftstätigkeit und somit als Umsatzerlöse, wenn diese aus dem Verkauf der Waren aus dem des Unternehmen entsprechenden individuellen Warensortiments generiert werden.[62] Dazu zählen auch Gelegenheitsgeschäfte, die nicht zur eigentlichen Betriebsleistung zählt, wie z.b. Verwertung von Altware.[63] Allerdings gehören leistungsfremde Verkäufe nicht benötigter Einrichtungsgegenstände oder Erlöse aus der Vermietung von nicht genutzten Gebäuden, nicht zu den Umsatzerlösen.[64] Bei Dienstleistungsunternehmen ähnelt dies den Handelsunternehmen, dass die Einstufung der am Markt angebotenen Dienstleistungen des entsprechenden Unternehmens getroffen wird, sodass andere Umsätze i.S.d. Steuerrechts[65] keine Umsatzerlöse darstellen.[66] In § 277 Abs. 1 HGB a.F. werden die Erlöse aus Vermietung und Verpachtung genannt, dies ebenfalls im Zusammenhang mit der gewöhnlichen Geschäftstätigkeit. So stellen Miet- und Pachterlöse bei Brauereien, die Erlöse aus Gaststättenverpachtungen erhalten, Unternehmen der Immobilienwirtschaft und von Grundstücks- und Leasinggesellschaften Umsatzerlöse dar, da diese zum eigentlichen betrieblichen Leistungsbereich gehören. Bei anderen Unternehmenszweigen werden Erlöse aus Vermietung und Verpachtung zu den sonst. betrieblichen Erträgen kategorisiert. Sofern die Erlöse aus Vermietung und Verpachtung regelmäßig anfallen, z.B. bei der Vermietung und Verpachtung von Produktionsanlagen, sind diese bei Produktionsunternehmen als Umsatzerlöse zu kategorisieren.[67] Die bei Mieteinahmen enthaltene Gewinnspanne für

---

[59] ADS, § 277 HGB, Rn. 8.
[60] Vgl. *Wobbe*, HGB, § 275, Rn. 60.
[61] ADS, § 277 HGB, Rn. 11.
[62] Vgl. *Wobbe*, HGB, § 275, Rn. 60-61.
[63] Vgl. ADS, § 277 HGB, Rn. 9.
[64] Vgl. ADS, § 277 HGB, Rn. 5.
[65] Vgl. ADS, § 277 HGB, Rn. 5.
[66] Vgl. ADS, § 277 HGB, Rn. 5 ; Vgl. *Wobbe*, HGB, § 275, Rn. 62.
[67] Vgl. ADS, § 277 HGB, Rn. 12 ; Vgl. *Wobbe*, HGB, § 275, Rn. 65.

Zinsen, Verwaltungskosten und Gewinn gehören bei Leasinggesellschaften zu den Umsatzerlösen. Anderes gilt bei Teilzahlungsgeschäften bei Handelsunternehmen, selbst dann, wenn die Umsatzerlöse aus Mietkaufverträgen vereinnahmt werden und die Margen über die Vertragslaufzeit jährlich eingenommen werden[68]. Bei Einnahmen aus Patenten und Lizenzen ist ebenfalls entscheidend, ob die Veräußerungen zur gewöhnlichen Geschäftstätigkeit gehören und somit zu den Umsatzerlösen auszuweisen ist, dass in der Regel bei Unternehmen im Bereich von Forschung und Entwicklung, die die Ergebnisse an Dritte veräußern, zutreffen wird. Hat der Lizenzgeber das Recht zur Herstellung von Erzeugnissen, dann sind die anfallenden Erlöse ebenfalls den Umsatzerlösen auszuweisen.[69] Entstehen aus Nebenaktivitäten von Produktions- und Handelsunternehmen Erlöse z.B. aus Dienstleistungen wie Wartungen und Schulungen und diese mit dem verkauften Erzeugnissen verbunden sind und regelmäßig anfallen, dann sind die Erlöse als Umsatzerlöse auszuweisen.[70] Provisionserlöse aus Vermittlungs- und Kommissionsgeschäften sind ebenfalls als Umsatzerlöse zu bewerten, sowie bei Versicherungsentschädigungen, sofern diese bereits verkaufte Erzeugnisse, Waren und Dienstleistungen umfassen und keine Gegenforderungen damit aufgerechnet wurden.[71] Allerdings werden Entschädigungen für unfertige oder noch nicht abgesetzte fertige Erzeugnisse erhalten, dann liegen sonst. betriebliche Erträge vor, wie bei Einnahmen aus einer Betriebsunterbrechungsversicherung.[72] Holdinggesellschaften haben nach der h.M. keine Umsatzerlöse i.S.d. § 277 Abs. 1 HGB a.F., es werden die Finanzerträge im GKV unter dem Posten Nr. 9-11 und beim UKV unter den Posten 8-10 ausgewiesen. Werden jedoch Leistungen erbracht und diese in Rechnung gestellt, dann sind dies Umsatzerlöse i.S.d. § 277 Abs. 1 HGB a.F.[73] Umsätze mit Arbeitsgemeinschaften, die in der Rechtsform einer BGB-Gesellschaft auftreten, bei denen die Gesellschaft beteiligt ist, sind samt den Erlösen für die Bereitstellung der Arbeitskräften und Geräten, sowie die Umsätze mit Dritten als Umsatzerlösen auszuweisen. Auch werden Umsätze von Mitarbeitern einer Arbeitsgemeinschaft als Umsatzerlöse ausgewiesen, wenn diese direkt mit dem Auftraggeber abgerechnet werden. Dies gilt auch nach ganz h.M. für Subunternehmer, die gegenüber der Arbeitsgemeinschaft Leistungen erbringen, dabei werden die Umsatzerlöse beim Subunternehmer und der Aufwand bei der Arbeitsgemeinschaft ausgewiesen. Der Meinung, dass die Umsatzerlöse der Arbeitsgemeinschaft und die

---

[68] Vgl. ADS, § 277 HGB, Rn. 26.
[69] Vgl. ADS, § 277 HGB, Rn. 13 ; Vgl. *Wobbe*, HGB, § 275, Rn. 66.
[70] Vgl. ADS, § 277 HGB, Rn. 14 ; Vgl. *Wobbe*, HGB, § 275, Rn. 67.
[71] Vgl. *Wobbe*, HGB, § 275, Rn. 68-70.
[72] Vgl. ADS, § 277 HGB, Rn. 19 ; Vgl. *Wobbe*, HGB, § 275, Rn. 70.
[73] Vgl. ADS, § 277 HGB, Rn. 5 ; Vgl. *Wobbe*, HGB, § 275, Rn. 63.

Aufwendungen i.H.d. Beteiligung an der Arbeitsgemeinschaft in die GuV übernommen werden, wird nicht gefolgt. Aus dem Grund, dass dies nicht anwendungsbezogen und würde dazu führen, dass die GuV sich aufbläht. Erträge aus Arbeitsgemeinschaften können bei Erweiterung der Postenbezeichnung in die Umsatzerlöse aufgenommen werden, dies muss nach der Auffassung des HFA im Anhang angegeben werden.[74] Bei nicht typischen Geschäftsvorfällen des Unternehmens wird von einer Ungewöhnlichkeit ausgegangen.[75]

III. Typische Erzeugnisse, Waren und Dienstleistungen

Der Begriff „typisch" ist mit der gewöhnlichen Geschäftstätigkeit verbunden.[76] Als Maßstab gilt, was als typische Erzeugnisse, Waren und Dienstleistungen zu definieren ist, nicht so sehr nach der Satzung der jeweiligen Gesellschaft und der genannten Art der Erzeugnisse und Waren, die hergestellt oder vertrieben werden. Sondern eher ist das tatsächliche Erscheinungsbild entscheidend. Jedoch ist im Zeitablauf das Erscheinungsbild oftmals Veränderungen unterworfen, da die Herstellung bzw. der Vertrieb von Produkten eingestellt wird oder neue hinzukommen.[77] Die Häufigkeit der Erlöse ist dabei weniger entscheidend, selbst wenn diese unregelmäßig und selten sind, aber typisch dann handelt es sich um Umsatzerlöse. Somit sind nicht typische Erlöse, obwohl diese regelmäßig sind, keine Umsatzerlöse. Untypische und unregelmäßige Erlöse sind unter dem Posten außerordentliche Erträge auszuweisen.[78] Gibt es Unsicherheiten bei dem Ausweis, dann sollten diese eher unter anderen Posten in der GuV ausgewiesen werden, statt in den Umsatzerlösen.[79]

IV. Abzug von Erlösschmälerungen und der Umsatzsteuer

Nach dem allgemeinen Grundsatz gilt, dass die in der GuV auszuweisenden Beträge nur in den tatsächlich angefallener Höhe anzusetzen ist. Dies wird verdeutlicht in § 277 Abs. 1 HGB a.F., dass Erlösschmälerungen wie Preisnachlässe und zurückgewährte Entgelte von den Bruttoerlösen zu reduzieren sind. Auch wird die Umsatzsteuer abgezogen. Dabei dient die Rechnungssumme als Ausgangssumme.[80] Als Erlösschmälerungen zählen alle Preisnachlässe und zurückgewährte Entgelte jeder Art.[81] Zu den Preisnachlässen gehören Barzahlungsnachlässe i.S.d. § 2 RabattG, Mengennachlasse i.S.d. § 7 RabattG und

---

[74] Vgl. ADS, § 277 HGB, Rn. 23-24.
[75] Vgl. *Wobbe*, HGB, § 277, Rn. 13.
[76] Vgl. *Wobbe*, HGB, § 277, Rn. 13.
[77] Vgl. ADS, § 277 HGB, Rn. 6 ; vgl. *Kessler/Freisleben*, MünchKomm zum Bilanzrecht, § 277 HGB, Rn. 5-7.
[78] *Kessler/Freisleben*, MünchKomm zum Bilanzrecht, § 277 HGB, Rn. 8-10.
[79] Vgl. *Kessler/Freisleben*, MünchKomm zum Bilanzrecht, § 277 HGB, Rn. 7.
[80] Vgl. ADS, § 277 HGB, Rn. 29.
[81] Vgl. *Kessler/Freisleben*, MünchKomm zum Bilanzrecht, § 277 HGB, Rn. 23.

Sondernachlässe i.S.d. § 9 RabattG. In den Fällen in denen ein Skonti, der unter dem Barzahlungsnachlass zählt, in Anspruch genommen wird, wird der Nachlass bei der Ermittlung der Umsatzerlöse abgezogen und demnach nicht als zinsähnliche Aufwendungen ausgewiesen. Jedoch kommt es bei dem Abzug nicht darauf an, ob der Preisnachlass den Vorschriften des RabattG entspricht, aus diesem Grund ist die Form und Bezeichnung des Preisnachlasses nicht entscheidend. Lediglich muss ein Preisnachlass vorliegen. Auch Freimengen, sog. Naturalrabatte stellen Preisnachlässe dar.[82] Freimengen, sind Lieferungen von zusätzlichen Waren, die der Abnehmer nicht zu bezahlen hat.[83] Da bei Freimengen keine Bruttoerlöse anfallen, müssen diese nicht berücksichtigt werden, jedoch müssen diese kalkulatorisch gebucht werden, um sie von den Erlösen absetzen zu können. Ein Forderungsnachlass im Rahmen eines gerichtlichen oder außergerichtlichen Vergleichs und Abschreibungen von Forderungen, die nicht eingefordert werden können, stellen keine Preisnachlässe dar, sondern Verluste, die i.d.R. als sonst. betriebliche Aufwendungen ausgewiesen werden. Bei Geschäften die rückabgewickelt werden entfällt der Umsatz.[84] Werden Entgelte zurückgewährt, d.h. ein Teil des bezahlten Kaufpreises wird erstattet, werden diese von den Umsatzerlösen abgezogen. Dies umfasst alle Gutschriften für Mängelrügen, Gewichts- und Preisdifferenzen, sowie Gutschriften für im Kaufpreis enthaltene Fracht- und Verpackungskosten. Rückwaren werden mit dem ursprünglichen vollen Betrag abgezogen, wenn dies aufgrund einer Gutschrift erfolgte. Weitere Erstattungen werden nicht von den Umsatzerlösen abgezogen, sondern werden zu den Vertriebskosten oder sonst. betrieblichen Aufwendungen zugeordnet.[85] Des Weiteren werden Rückstellungsaufwendungen, die für zu erwartende Erlösschmälerungen gebildet wurde, von den Umsatzerlösen abgesetzt. Dazu gehören Rückstellungen für Gewährleistungsaufwendungen bei dem der Abnehmer von dem Kaufvertrag zurückgetreten ist aufgrund einer Mängelrüge oder die durch Preisnachlässen gewährt wurden, sowie für nachträgliche Rabatte.[86] Diskontierungsbeträge bei Forderungen aus Warenlieferungen und Leistungen, die langfristig gestundet werden und nicht oder niedrig verzinst werden, gehören ebenfalls zu den Erlösschmälerungen. Dabei werden die Forderungen zum Nachteil der Umsatzerlöse abgezinst. Dadurch werden die Umsatzerlöse nur in Höhe des Barwertes der

---

[82] Vgl. ADS, § 277 HGB, Rn. 30.
[83] Vgl. *Kessler/Freisleben*, MünchKomm zum Bilanzrecht, § 277 HGB, Rn. 26.
[84] Vgl. ADS, § 277 HGB, Rn. 30-31 ; vgl. *Kessler/Freisleben*, MünchKomm zum Bilanzrecht, § 277 HGB, Rn. 30.
[85] Vgl. *Kessler/Freisleben*, MünchKomm zum Bilanzrecht, § 277 HGB, Rn. 23 ; vgl. ADS, § 277 HGB, Rn. 32.
[86] Vgl. *Kessler/Freisleben*, MünchKomm zum Bilanzrecht, § 277 HGB, Rn. 27.

Forderung ausgewiesen, die Zinserträge die in Höhe des Restbetrags entstehen während der Laufzeit der Forderung, werden dementsprechend unter den Posten Zinserträge ausgewiesen. Der Zeitraum, in dem eine Abzinsung unverzinslicher Forderungen erfolgt, gilt mit 12 Monaten als angemessen.[87] Grundsätzlich gilt, dass die Erlösschmälerungen periodengerecht in dem Geschäftsjahr abgezogen werden in dem die Umsatzerlöse angefallen sind. Entstehen die Erlösschmälerungen in dem nächsten Geschäftsjahr und wurden keine ausreichenden Rückstellungen gebildet, dann müssen diese Erlösschmälerungen ebenfalls berücksichtigt werden, da ansonsten die Umsatzerlöse in der gesamten Periode zu hoch ausgewiesen werden.[88] Wurden für Erlösschmälerungen Rückstellungen in den vergangenen Geschäftsjahren gebildet, dann müssen die Erlösschmälerungen erfolgsneutral als Ausgleich der Rückstellungen angezeigt werden. Wurden in der Vergangenheit keine Rückstellungen gebildet, dann müssen die Erlösschmälerungen bei den Umsatzerlösen beachtet werden und im Anhang näher erläutert werden gemäß § 277 Abs. 4 Satz 3 HGB. Die Ansicht, dass es sich nicht um Erlösschmälerungen, sondern als sonst. betrieblicher Aufwand ausgewiesen wird nach §§ 275 Abs. 2 Nr. 8, 275 Abs. 3 Nr. 7 HGB abgelehnt, da es sich dabei sachlich um Erlösschmälerungen handelt. Die Periodenzurechnung verändert nicht den materiellen Umfang der Erlöse und der bei den Erlösschmälerungen bei den Umsatzerlösen bei den Anhangangaben ausreichend Berücksichtigung findet.[89] Ob ein Abzug von Erlösschmälerungen bei Vertragsstrafen vorliegt hängt vom Einzelfall an. Eine Erlösschmälerung liegt nicht vor, wenn mit der Vertragsstrafe ein möglicher Schaden des Empfängers ausgeglichen werden soll. In diesem Fall sind die Erlösschmälerungen als sonst. betriebliche Aufwendungen zu buchen, im UKV ist eine Buchung unter dem Posten Vertriebskosten, § 275 Abs. 3 Nr. 4, möglich. Handelt es sich bei der Vertragsstrafe, um einen Preisnachlass, der als Vertragsstrafe verdeckt wurde, dann sind die Umsatzerlöse dementsprechend zu kürzen.[90] Nach dem Wortlaut des § 277 Abs. 1 HGB werden nicht nur Erlösschmälerungen von den Umsatzerlösen abgezogen, sondern auch die Umsatzsteuer. Neben der deutschen Umsatzsteuer können auch ausländische Steuern, die der deutschen Umsatzsteuer entsprechen, in Betracht kommen. Daraus folgt, dass die Umsätze netto ausgewiesen werden in der GuV und die Umsatzsteuer kein Bestandteil der Umsatzerlöse sind. Der Ausweis der Umsatzerlöse kann unterschiedlich erfolgen. Eine Möglichkeit ist, dass

---

[87] Vgl. *Kessler/Freisleben*, MünchKomm zum Bilanzrecht, § 277 HGB, Rn. 28 ; vgl. ADS, § 277 HGB, Rn. 35.
[88] Vgl. *Kessler/Freisleben*, MünchKomm zum Bilanzrecht, § 277 HGB, Rn. 29 ; vgl. ADS, § 277 HGB, Rn. 34
[89] Vgl. *Reiner/Haußer,* in MünchKomm HGB, § 277, Rn. 14.
[90] Vgl. ADS, § 277 HGB, Rn. 36.

13

die Nettoumsätze ausgewiesen werden. Eine weitere ausführlichere Möglichkeit ist durch eine Gliederungserweiterung, die gem. § 265 Abs. 5 HGB zulässig ist, bei der die Bruttoerlöse dargestellt werden und dann in einer Untergliederung die abzuziehende Umsatzsteuer ausgewiesen wird. Diese Darstellung wird bevorzugt, da diese den Adressaten des Jahresabschlusses zusätzliche Informationen vermittelt. Allerdings ist der Ausweis der Bruttoerlöse unter dem Posten beim GKV gem. § 275 Abs. 2 Nr. 1 HGB und bei dem UKV gem. § 275 Abs. 3 Nr. 1 HGB bei gleichzeitiger Einbeziehung der Umsatzsteuer in den Posten sonstige Steuern beim GKV gem. § 275 Abs. 2 Nr. 19 HGB und beim UKV gem. § 275 Abs. 3 Nr. 18 HGB.[91] Das Wahlrecht zum Abzug der mit dem Umsatz verbundenen Steuern war strittig.[92] Gemäß § 1 Abs. 2 Satz 3 PublG umfassen die auszuweisenden Umsatzerlöse Beträge für Monopolabgaben und Verbrauchsteuern[93] wie z.B. Alkopopsteuer, Branntweinsteuer, Kaffeesteuer.[94] Die Regelung gem. § 1 Abs. 2 Satz 3 PubG besagt, dass § 277 Abs. 1 HGB analog angewendet wird und dass die in den Umsatzerlösen enthaltenen Verbrauchsteuern oder Monopolabgaben abzusetzen sind. Dies wird nochmals in Art. 28 4. EG-RL erwähnt, dass nicht nur die Umsatzsteuer, sondern auch andere Steuern, die unmittelbar auf den Umsatz bezogen sind, von den Umsatzerlösen abzuziehen sind. Jedoch wird dies abgelehnt, da der Gesetzgeber den Wortlaut des § 277 Abs. 1 HGB, um die Begriffe Verbrauchsteuern und Monopolabgaben nicht übernommen und erweitert hat. Dies kann daran liegen, dass die Umsatzsteuer die einzige Steuer in Deutschland ist, die mit den Umsatzerlösen direkt verbunden ist. Auch wollte der Gesetzgeber es nicht bewusst ermöglichen, dass der § 277 Abs. 1 HGB interpretativ ausgelegt wird, denn das Saldierungsverbot i.S.d. 246 Abs. 2 HGB verbietet dies ausdrücklich. Des Weiteren begründet § 1 Abs. 2 Satz 3 PubG die abweichende Formulierung des § 277 Abs. 1 HGB und kann nicht so verstanden werden, dass andere Beträge von den Umsatzerlösen abzusetzen sind. Auch ergibt § 1 Abs. 2 Satz 3 PubG nur dann einen Sinn, wenn das Gesetz davon ausgeht, dass beide Regelungen in Verbindung zueinander stehen, sodass dann ohne die Bestimmung ein Abzug ausgeschlossen ist. Auch schafft § 1 Abs. 2 Satz 3 PubG keine abweichende Definition der Umsatzerlöse i.S.d. § 277 Abs. 1 HGB und kann nicht uminterpretiert werden, lediglich dient § 1 Abs. 2 Satz 3 PubG dazu die Bedeutung klarzustellen. Daraus folgt, dass beim Ausweis der Umsatzerlöse in der GuV nicht die Monopolabgaben und Verbrauchsteuern abgezogen werden, sondern nur die Umsatzsteuer, da diese explizit in § 277 Abs. 1 HGB

---

[91] Vgl. ADS, § 277 HGB, Rn. 37 ; vgl. *Kessler/Freisleben*, MünchKomm zum Bilanzrecht, § 277 HGB, Rn. 31.
[92] Vgl. Vgl. Kirsch, DStR 2015, S. 665.
[93] Vgl. ADS, § 277 HGB, Rn. 38.
[94] Vgl. *Zwirner*, BilRUG - Gesetze, Materialien, Kommentierung, S. 479-482.

genannt wird. Jedoch ist eine offene Absetzung von Verbrauchsteuern wie der Mineralöl- und Tabaksteuer nach der überwiegenden Ansicht nach möglich.[95] Grundsätzlich ist die Mineralölsteuer nicht unter dem Posten sonstige Steuern und auch nicht von den Umsatzerlösen auszuweisen. Jedoch besteht die Möglichkeit, die auf Grundlage der GoB, die Mineralölsteuer offen von dem Posten Umsatzerlöse abzusetzen.[96] Eine offene Absetzung bewirkt eine sinnvolle Korrektur der Umsatzerlöse und des Postens des Ergebnisses der gewöhnlichen Geschäftstätigkeit, wodurch die GuV aussagefähiger wird i.S.d. § 264 Abs. 2 HGB.[97] Jedoch ist bei Monopolabgaben und den übrigen Verbrauchsteuern, die abhängig vom Umsatz sind, wie z.B. Bier,- Öko-, Sekt- und Stromstrom nach dem deutschen Recht, sollten den Betrag der Umsatzerlöse nicht verringern. Im Gegensatz dazu besagt die Gegenansicht, dass ein offenes Absetzen aller Verbrauchsteuern zwingend ist, da die Steueraufwendungen erlösmindernde durchlaufende Posten sind. Der Gegenansicht ist im Ergebnis zuzustimmen.[98] Nach dem Wortlaut enthält § 277 Abs. 1 HGB die Bestimmung, dass nur die Erlösschmälerungen und die Umsatzsteuer von den Umsatzerlösen abgezogen werden dürfen. Daraus folgt, dass keine weiteren Abzüge von anderen Aufwendungen in Betracht kommen.[99]

V.   Abgrenzungen der Umsatzerlöse

1.   Sonstige betriebliche Erträge

Unter den sonst. betrieblichen Erträgen fallen periodenfremde Erträge, die der gewöhnlichen Geschäftstätigkeit zuzuordnen sind, diese sind unter dem Posten sonst. betriebliche Erträge auszuweisen, wenn diese nicht periodenfremd wären.[100]

2.   Außerordentliche Erträge

Gem. § 277 Abs. 4 HGB liegen außerordentliche Erträge vor, wenn diese außerhalb der gewöhnlichen Geschäftstätigkeit der Kapitalgesellschaft anfallen. Außerordentliche Erträge liegen nur dann vor, wenn diese ungewöhnlich in der Art sind, selten vorkommen und von eigener materieller Bedeutung sind. Sind die außerordentlichen Erträge von Bedeutung der Ertragslage, dann schreibt § 277 Abs. 4 Satz 2 HGB vor, dass die ausgewiesenen Beträge nach der Höhe und der Art im Anhang zu erläutern sind.[101] Die Ertragslage drückt sich

---

[95] Vgl. ADS, § 277 HGB, Rn. 38 ; vgl. *Kessler/Freisleben*, MünchKomm zum Bilanzrecht, § 277 HGB, Rn. 32 ; vgl. *Reiner/Haußer,* in MünchKomm HGB, § 277, Rn. 18.
[96] Vgl. ADS, § 275 HGB, Rn. 204 ; vgl. *Kessler/Freisleben*, MünchKomm zum Bilanzrecht, § 277 HGB, Rn. 33.
[97] Vgl. ADS, § 275 HGB, Rn. 204.
[98] Vgl. *Reiner/Haußer,* in MünchKomm HGB, § 277, Rn. 18.
[99] Vgl. ADS, § 277 HGB, Rn. 39.
[100] Vgl. ADS, § 277 HGB, Rn. 75.
[101] Vgl. *Böcking/Gros*, § 277 HGB, Rn. 6.

hauptsächlich im Jahresergebnis, in dem Verhältnis des Ergebnisses zum Umsatz oder zur Gesamtleistung aus, wie sich das Gesamtergebnis aus der gewöhnlichen Tätigkeit, aus dem außerordentlichen Ergebnis sowie aus den Steueraufwendungen zusammensetzt. Da der Gesetzgeber nicht „von Bedeutung" verwendet, sondern von einer nicht von untergeordneter Bedeutung spricht, ist davon auszugehen, dass die Schwelle der Erläuterungspflicht gering ist. Sodass, es nicht anhand von Zahlen zu benennen ist, um welch einer Höhe sich die Schwelle der Erläuterungspflicht handelt. Die in der Literatur gemachten Vorschläge, dass 2,5 bis 10% des Jahresergebnisses als Richtwert gelten, ab wann eine Berichterstattungspflicht besteht, wurden abgelehnt. Insbesondere dadurch, dass es bei einem Null-Ergebnis an einer Bezugsgröße fehlen würde. Die Erläuterungspflicht ist eine Einzelfallentscheidung bei der alle Umstände berücksichtigt werden müssen, die entscheidend sind, ob die außerordentlichen Erträge von Bedeutung der Ertragslage sind. Jedoch ist bei der Entscheidung kein großer Spielraum, da wirklich außergewöhnliche Erträge unter den entsprechenden Posten ausgewiesen werden, sodass i.d.R. die Erläuterungspflicht zu bejahen ist und die außerordentliche Erträge bezüglich der Beträge und ihrer Art zu erläutern sind. Ergeben sich bei der Entscheidungsfindung Zweifel, dann sollte der Sachverhalt nach dem Interesse beurteilt werden, wie ein vernünftig urteilender Adressat der Rechnungslegung an einer Erläuterung haben könnte. Die Angaben und Erläuterungen sollten so dargestellt sein, dass ein sachverständiger Leser sich ein hinreichendes Bild machen kann. Ausgenommen sind davon kleine Kapitalgesellschaften gemäß § 276 Satz 2 HGB.[102] Wird der Ausweis der außerordentlichen Erträge unterlassen, dann droht eine Nichtigkeit aufgrund einer Verletzung von § 243 Abs. 2 HGB, die besagt, dass der Jahresabschluss klar und übersichtlich sein muss.[103]

- Gewinne oder Verluste aus der Veräußerung oder Aufgabe kompletter Unternehmensbereiche von Teilbetrieben oder wesentlichen Beteiligungen
- Gewinne oder Verluste in Verbindung mit grundlegenden Unternehmensreorganisationen oder – umwandlungen (Verschmelzung, Spaltung)
- Aufwendungen aus der (wesentlichen) Erweiterung der Geschäftstätigkeit
- Erträge aufgrund eines allgemeinen Forderungsverzichts der Gläubiger (Sanierungsgewinne)
- Aufwendungen aus Sanierungsmaßnahmen

---

[102] Vgl. ADS, § 277 HGB, Rn. 83-85.
[103] Vgl. ADS, § 277 HGB, Rn. 80a.

- Wesentliche außerplanmäßige Abschreibungen zur Erfassung von Wertminderungen aufgrund externer Einflüsse, wie z.b. Enteignung, Zerstörung von Betrieben durch Katastrophen, Krieg, Stilllegung von Betrieben
- Aufwendungen für Abfindungen aufgrund von Sozialplänen
- Aufwendungen oder Erträge aus existenzentscheidenden Rechtsstreitigkeiten
- Bußgelder aufgrund von Verstößen gegen das Kartellgesetz
- Einmalige Großzuschüsse der öffentlichen Hand zu Branchenumstrukturierungen
- Erträge aus Schenkungen
- Buchgewinn und Buchverluste aus Anlageverkäufen
- Auflösung von Rückstellungen
- Außergewöhnliche Schadensfälle auf Grund betrügerischer Machenschaften, Unterschlagung udgl.

Abb.1: Beispiele für Vorgänge, die zu außerordentlichen Aufwendungen bzw. Erträgen führen[104]

VI.   Funktion der Gewinn- und Verlustrechnung

Aus der Bilanz ist nicht zu entnehmen wie der der Erfolg der Unternehmung zustande gekommen ist, da die Bilanz stichtagsbezogen ist. Daher muss neben der Bilanz zur Beurteilung der Ertragslage eine GuV erstellt werden. Die GuV-Rechnung saldiert alle Erträge und Aufwendungen eines Geschäftsjahres und zeigt, je nachdem wie die Ertrags- und Aufwandsposten aufgegliedert wurden, wie der Erfolg zustande gekommen ist, sie zeigt somit die Quellen des Erfolges auf. Die Aufstellung einer GuV ist für jeden Kaufmann verpflichtend nach § 242 Abs. 2 HGB, denn die GuV dient auch als Informationsmittel über die Vermögens-, Ertrags- und Finanzlage des Unternehmens gegenüber u.a. Gläubigern, Kreditgebers, Gesellschaftern.[105]

1.   Vorschriften zur Aufstellung

Die Gliederung und Form, sowie die Bezeichnung der Posten sind in den nächsten Geschäftsjahren beizubehalten, allerdings sind Abweichungen in Ausnahmefällen möglich gem. § 265 Abs. 1 HGB. Diese Regelung gilt nicht nur für Kapitalgesellschaften und Personenhandelsgesellschaften i.S.d. § 264a HGB, sondern auch für eingetragene Kaufleute und andere Personengesellschaften aufgrund des Gebots der Klarheit und Übersichtlichkeit

---

[104] *Wobbe*, HGB, § 277, Rn. 16 ; ADS, § 277 HGB, Rn. 75 ; ADS, § 277 HGB, Rn. 80.
[105] Vgl. *Wöhe/Mock*, Die Handels- und Steuerbilanz, S. 152 ; vgl. *Weber*, Beck'sches Steuer- und Bilanzrechtslexikon, Gewinn- und Verlustrechnung, 2/16, Rn. 1 ; vgl. ADS, § 275 HGB, Rn. 17.

laut § 243 Abs. 2 HGB. Präzisiert bedeutet dies, dass Aktivposten mit Passivposten, Erträge nicht mit Aufwendungen und Grundstücksrechte nicht mit Grundstückslasten verrechnet werden dürfen gem. § 246 Abs. 1 Satz 1 HGB.[106] Aber auch dass der formelle Inhalt des Jahresabschlusses erkennbar ist, dazu gehören eine klare und übersichtliche Gliederung, eine klare Bezeichnung von Angaben und Posten. Der Grundsatz der Klarheit und der Übersichtlichkeit ist für eingetragene Kaufleute und andere Personenhandelsgesellschaften nur in den Vorschriften der §§ 243 Abs. 2, 246 Abs. 2 und 247 Abs. 1 HGB geregelt. Für Kapitalgesellschaften und Personenhandelsgesellschaften i.S.d. § 264a HGB ist der Grundsatz der Klarheit und Übersichtlichkeit in den Vorschriften der §§ 264-288 HGB präziser geregelt aus denen sich konkretere und strengere Gliederungsvorschriften ergeben.[107] Durch den Grundsatz der Klarheit werden Aufwendungen und Erträge, die aus der eigentlichen Betriebsleistung des Unternehmens erwirtschaftet werden, von den Aufwendungen und Erträgen mit betriebsfremden oder außerordentlichen Charakter getrennt. So werden detaillierte Informationen ersichtlich aus welchen Quellen der Bilanzgewinn zustande gekommen ist.[108]

2. Aufbau der Gewinn- und Verlustrechnung

a. Konto- und Staffelform

Die GuV kann als Konto- oder Staffelform aufgestellt werden. Jedoch sind Kapitalgesellschaften und Personenhandelsgesellschaften i.S.d. § 264a HGB verpflichtet nach § 275 Abs. 1 Satz 1 HGB die GuV-Rechnung in Staffelform aufzustellen.[109] Die Kontoform ist wie ein T-Konto strukturiert und auf der Soll-Seite sind die Aufwendungen und auf der Haben-Seite sind die Erträge dargestellt. Die Aufwendungen und Erträge werden am Ende jedes Geschäftsjahres saldiert und daraus ergibt sich ein Verlust, der auf der Haben-Seite ausgewiesen wird, oder ein Gewinn, der auf der Soll-Seite ausgewiesen wird. Die Aufwendungen können in unterschiedlicher Weise gegliedert in die Erfolgsrechnung übernommen werden. Dabei werden oftmals die typischen Aufwandsgliederungen aus der internen Kostenrechnung nach Kostenarten, Kostenbereichen und Produkten verwendet.[110]

---

[106] Vgl. *Noodt*, HGB, § 243, Rn. 25-26.
[107] Vgl. *Noodt*, HGB, § 243, Rn. 21-23.
[108] Vgl. *Wöhe/Mock*, Die Handels- und Steuerbilanz, S. 153 ; vgl. *Jung*, Handelsrecht, § 30, Rn. 16.
[109] Vgl. *Noodt*, HGB, § 243, Rn. 24.
[110] Vgl. *Weber*, Beck'sches Steuer- und Bilanzrechtslexikon, Gewinn- und Verlustrechnung, 2/16, Rn. 6 ; vgl. *Jung*, Handelsrecht, § 31 ; vgl. *Sigloch/Weber*, GmbHG, §§ 41–42a, Rn. 1062.

Gewinn- und Verlustrechnung			
Typische Aufgliederung der Aufwendungen			Typische Aufgliederung der Erträge
nach Kostenarten	nach Kostenbereichen	nach Produkten	Umsatzerträge 90
Materialaufwendungen 30	Produktionsaufwendungen 55	Herstellungsaufwendungen der Produkte	„übrige" Erträge 10
Abschreibungen 15	Verwaltungsaufwendungen 15	• Produkte 1 10	Periodenfehlbetrag -
Personalaufwendungen 40	Vertriebsaufwendungen 10	• Produkte 2 20	
„übrige Aufwendungen 10		• Produkte 3 30	
Periodenüberschuss 5	„übrige" Aufwendungen 15	„übrige" Aufwendungen 35	
	Periodenüberschuss 5	Periodenüberschuss 5	
Summe 100	Summe 100	Summe 100	Summe: 100

Abb. 2: GuV-Rechnung in Kontoform mit typischen Kostenaufgliederungen[111]

Die Staffelform ist eine vertikal verlaufende Auflistung mit vorgegebener Reihenfolge beginnend mit den Bruttoerlösen fortschreibend über mehrere Zwischenstufen wird am Ende das Jahresergebnis ermittelt. Die Staffelform kann nicht aus der laufenden Buchführung übernommen werden, sondern kann nur daraus abgeleitet werden. Auch entscheiden Zweckmäßigkeitspunkte über die Anordnung der Posten und der Bildung der Zwischensummen.[112]

---

[111] *Sigloch/Weber*, GmbHG, §§ 41–42a, Rn. 1063.
[112] Vgl. W*eber*, Beck'sches Steuer- und Bilanzrechtslexikon, Gewinn- und Verlustrechnung, 2/16, Rn. 6 ; vgl. *Sigloch/Weber*, GmbHG, §§ 41–42a, Rn. 1064.

1. Umsatzerlöse	90	
./. Produktionsaufwendungen	55	
2. Rohgewinn vom Umsatz	35	
./. Verwaltungsaufwendungen	15	
./. Vertriebsaufwendungen	10	
3. Betriebsergebnis	10	
+ „übrige" Erträge	10	
./. „übrige" Aufwendungen	15	
4. Periodenüberschuss	5	
(Periodenfehlbetrag)		

Abb. 3: GuV-Rechnung in Staffelform[113]

Als Fazit lässt es sich nicht beurteilen, welche Darstellung zu bevorzugen ist. Bei der Kontoform wird auf Zwischensummen verzichtet, auf der anderen Seite ist die Ermittlung standardisierter Teilergebnisse bei der Staffelform typisch.[114] Durch die Zwischensummen lassen sich aussagekräftige Kennzahlen ermitteln und die vertikale Gliederung dient der Übersichtlichkeit.[115] Die Vor- und Nachteile ergeben sich weniger aus der Darstellungsform, sondern eher dass die Kontoform hauptsächlich bei dem GKV verwendet wird und die Staffelform bei dem GKV und UKV Verwendung findet.[116]

b. Bruttoprinzip oder Nettoprinzip

Es gibt bei dem Aufbau der GuV grundsätzlich zwei Möglichkeiten, eine stellt das Bruttoprinzip dar. Bei dem Bruttoprinzip werden alle Aufwendungen und Erträge ohne Saldierung gegenübergestellt. Dadurch wird vorausgesetzt, dass aufgezeigt wird wie der Erfolg zustande gekommen ist. Insbesondere werden die betrieblichen Umsatzerlöse ohne Abzug von Aufwendungen wie z.B. Materialverbrauch ausgewiesen. Daher verlangt § 246 Abs. 2 HGB mit dem Verrechnungsverbot eine strenge Beachtung des Bruttoprinzips.[117] Die andere Möglichkeit, wie die GuV aufgebaut werden kann, ist das Nettoprinzip. Dabei werden Aufwendungen und Erträge komplett oder teilweise aufgerechnet, sodass es möglich ist, dass nur der Gewinn oder Verlust erscheint. Durch die Aufrechnung haben die Zahlen eine sehr

[113] *Sigloch/Weber*, GmbHG, §§ 41–42a, Rn. 1066.
[114] Vgl. *Sigloch/Weber*, GmbHG, §§ 41–42a, Rn. 1066.
[115] Vgl. *Wobbe*, HGB, § 275, Rn. 7.
[116] Vgl. *Sigloch/Weber*, GmbHG, §§ 41–42a, Rn. 1066.
[117] Vgl. *Wöhe/Mock*, Die Handels- und Steuerbilanz, S. 153.

geringe Aussagefähigkeit, insbesondere bei wichtigen Kennzahlen wie die Umsatzerlöse und es kann zu Fehlinterpretationen der Ertragslage führen.[118]

c. Umsatzkosten- und Gesamtkostenverfahren

Kapitalgesellschaften haben das Wahlrecht nach § 275 Abs. 1 Satz 1 HGB die GuV nach dem GKV oder dem UKV aufzustellen, dabei muss der Aufbau der GuV der Staffelform entsprechen.[119] Es wird das Bruttoprinzip angewandt.[120] Beide Verfahren führen zu dem gleichen Jahresergebnis und sind gleichberechtigt, lediglich unterscheiden sich die Verfahren im Aufbau bei den Posten 2 bis 3 und 5 bis 7 bei dem GKV und bei Posten 2 bis 5 bei dem UKV. Bei dem GKV werden den Umsatzerlösen die gesamten Aufwendungen des Geschäftsjahres gegenübergestellt. Allerdings müssen Bestandsveränderungen an Halb- und Fertigfabrikaten und andere aktivierte Eigenleistungen bei der Ermittlung des Jahresergebnisses berücksichtigt werden. Durch die Gegenüberstellung der Umsatzerlöse mit den gesamten Aufwendungen werden die Aufwendungen und deren Entwicklung im Vergleich zur Gesamtleistung erkennbar. Auch werden dadurch die Aufwendungen unverändert von den nach den Kontenrahmen gegliederten Aufwandskonten übernommen, des Weiteren ist es nicht nötig, dass die Aufwendungen auf die einzelnen Funktionsbereiche des Unternehmens (Herstellung, Vertrieb, Verwaltung) aufgeschlüsselt werden.[121] Das UKV ist international weiter verbreitet und der Gesetzgeber ermöglichte durch das Hinzufügen des UKV während des Gesetzgebungsverfahrens zum BiRiLiG, dass sich deutsche Unternehmen sich einer international vergleichbaren Form darstellen können.[122] Es müssen nicht die Bestandsveränderungen an Halb- und Fertigfabrikaten und andere aktivierte Eigenleistungen bei der Ermittlung des Jahresergebnisses berücksichtigt werden. Aus dem Grund, da die Umsatzerlöse den Selbstkosten der abgesetzten Betriebsleistung gegenübergestellt werden. Der Personal- und Materialaufwand erscheint anders als bei dem GKV im Anhang. Auch ist das UKV anders als das GKV, das mit den Primärkosten arbeitet, nach den Funktionsbereichen gegliedert.[123]

---

[118] Vgl. *Wöhe/Mock*, Die Handels- und Steuerbilanz, S. 153.
[119] Vgl. *Merkt*, Handelsgesetzbuch, § 275, Rn. 1.
[120] Vgl. ADS, § 275 HGB, Rn. 1.
[121] Vgl. *Weber*, Beck'sches Steuer- und Bilanzrechtslexikon, Gewinn- und Verlustrechnung, 2/16, Rn. 8.
[122] Vgl. ADS, § 275 HGB, Rn. 4.
[123] Vgl. *Weber*, Beck'sches Steuer- und Bilanzrechtslexikon, Gewinn- und Verlustrechnung, 2/16, Rn. 8 ; vgl. *Merkt*, Handelsgesetzbuch, § 275, Rn. 2.

3. Gliederung der Gewinn- und Verlustrechnung

Die in § 275 Abs. 2 und Abs. 3 HGB angegebene Gliederung und Reihenfolge der Posten des Gesamtkostenverfahrens und des Umsatzkostenverfahrens dienen dazu die Aufwands- und Ertragsstruktur erkennbar zu machen und die Erfolgsquellen aufzuzeigen. Das vom Gesetz vorgeschriebene Gliederungsschema dient der Bilanzanalyse, dies wird durch den gesonderten Ausweis der Aufwands- und Ertragsposten, der Bildung von Zwischensummen und den Vorjahreswerten verdeutlicht.[124] Dabei können kleine und mittlere Kapitalgesellschaften i.S.d. § 267 Abs. 1, 2 HGB die Posten § 275 Abs. 2 Nr. 1-5 bei dem GKV und bei dem UKV die Posten § 275 Abs. 3 Nr. 1-3 und 6 zu einem Posten unter der Bezeichnung Rohergebnis gem. § 276 Satz 1 HGB. Die Summe aus dem Ergebnis der gewöhnlichen Geschäftstätigkeit, das aus dem Betriebsergebnis (§275 Abs. 2 Nr. 1-8 HGB und § 275 Abs. 3 Nr. 1-7 HGB), dem Finanzergebnis (§275 Abs. 2 Nr. 9-13 HGB und § 275 Abs. 3 Nr. 8-12 HGB), dem außerordentlichen Ergebnis (§275 Abs. 2 Nr. 15-17 HGB und § 275 Abs. 3 Nr. 14-16 HGB) und den Steuern (§275 Abs. 2 Nr. 18-19 HGB und § 275 Abs. 3 Nr. 17-18 HGB) ergeben den Jahresüberschuss bzw. den Jahresfehlbetrag.[125]

Gesamtkostenverfahren i.S.d. § 275 Abs. 2 HGB

1. Umsatzerlöse
2. Bestandserhöhungen oder -verminderungen
3. Andere aktivierte Eigenleistungen
4. Sonstige betriebliche Erträge
5. Materialaufwand
   a. Roh-, Hilfs- und Betriebsstoffe und Waren
   b. Leistungen
6. Personalaufwand
   a. Löhne und Gehälter
   b. Soziale Abgaben , Altersversorgung und Unterstützung
      davon für Altersversorgung
7. Abschreibungen auf
   a. immaterielle Vermögensgegenstände und Sachanlagen
   b. Umlaufvermögens
8. Sonstige betriebliche Aufwendungen
   Erträge und Aufwendungen des betrieblichen Bereichs (Nr. 1-8)
9. Beteiligungserträge
   davon aus verbundenen Unternehmen
10. Erträge aus anderen Wertpapieren und Ausleihungen des Finanzanlagevermögens
    davon aus verbundenen Unternehmen
11. Sonstige Zinsen und ähnliche Erträge
    davon aus verbundenen Unternehmen

---

[124] Vgl. ADS, § 275 HGB, Rn. 19-20.
[125] Vgl. *Merkt,* § 275 HGB, Rn. 4.

12. Abschreibungen auf Finanzanlagen und auf Wertpapiere des Umlaufvermögens
13. Zinsen und ähnliche Aufwendungen davon an verbundene Unternehmen **Erträge und Aufwendungen des Finanzbereichs (Nr. 9-13)**
14. Ergebnis der gewöhnlichen Geschäftstätigkeit **Zwischensumme: Ergebnis der gewöhnlichen Geschäftstätigkeit (Nr. 14)**
15. Außerordentliche Erträge
16. Außerordentliche Aufwendungen **Außerordentliche Erträge und Aufwendungen (Nr. 15-16)**
17. Außerordentliches Ergebnis **Zwischensumme: Außerordentliches Ergebnis (Nr. 17)**
18. Steuern vom Einkommen und Ertrag
19. Sonstige Steuern **Steuern (Nr. 18-19)**
20. Jahresüberschuss / Jahresfehlbetrag

Abb. 4: Gliederung der GuV nach dem GKV i.S.d. § 275 Abs. 2 HGB a.F.[126]

Umsatzkostenverfahren i.S.d. § 275 Abs. 3 HGB
1. Umsatzerlöse
2. Herstellungskosten
Umsatzerlöse und Herstellkosten (Nr. 1-2)
3. Bruttoergebnis vom Umsatz
Zwischensumme: Bruttoergebnis vom Umsatz (Nr. 3)
4. Vertriebskosten
5. allgemeine Verwaltungskosten
Vertriebskosten und Verwaltungskosten (Nr. 4-5)
6. sonstige betriebliche Erträge
7. sonstige betriebliche Aufwendungen
Sonstige betriebliche Erträge und Aufwendungen (Nr. 6-7)
8. Erträge aus Beteiligungen davon aus verbundenen Unternehmen
9. Erträge aus anderen Wertpapieren und Ausleihungen des Finanzanlagevermögens davon aus verbundenen Unternehmen
10. Zinsen und ähnliche Aufwendungen davon an verbundene Unternehmen
11. Abschreibungen auf Finanzanlagen und auf Wertpapiere des Umlaufvermögens
12. Zinsen und ähnliche Aufwendungen davon an verbundene Unternehmen
Erträge und Aufwendungen des Finanzbereichs (Nr. 8-12)
13. Ergebnis der gewöhnlichen Geschäftstätigkeit
Zwischensumme: Ergebnis der gewöhnlichen Geschäftstätigkeit (Nr. 13)
14. Außerordentliche Erträge

---

[126] ADS, § 275 HGB, Rn. 39 ; *Hüttemann/Meyer*, HGB, § 275 Rn. 14.

15. Außerordentliche Aufwendungen
Außerordentliche Erträge und Aufwendungen (Nr. 14-15)
16. Außerordentliches Ergebnis
Zwischensumme: Außerordentliches Ergebnis (Nr. 16)
17. Steuern vom Einkommen und Ertrag
18. Sonstige Steuern
Steuern (Nr. 17-18)
19. Jahresüberschuss / Jahresfehlbetrag

Abb. 5: Gliederung der GuV nach dem UKV i.S.d. § 275 Abs. 3 HGB a.f.[127]

D.   Die Bilanzierung der Umsatzerlöse nach dem BilRUG

Die Vorschrift des § 277 Abs. 1 HGB n.f. bei der die Umsatzerlöse definiert sind, werden durch das BilRUG an die EU-RL angepasst. Durch die Anpassung ändert sich, dass die Umsatzerlöse ausgeweitet werden, um die Erlöse, die für die Geschäftstätigkeit untypisch sind.[128]

I.   Auslegung des Gesetzestextes der Neudefinition der Umsatzerlöse

Die Definition der Umsatzerlöse hat sich wie folgt verändert nach § 277 Abs. 1 HGB n.F.: Als Umsatzerlöse sind die Erlöse aus dem Verkauf und der Vermietung oder Verpachtung von Produkten sowie aus der Erbringung von Dienstleistungen der Kapitalgesellschaft nach Abzug von Erlösschmälerungen und der Umsatzsteuer sowie sonstiger direkt mit dem Umsatz verbundener Steuern auszuweisen.

1.   Grammatikalische Auslegung

a.   Ausweitung der Umsatzerlöse

Durch den Wegfall des Bezugs der Umsatzerlöse auf die gewöhnliche Geschäftstätigkeit, kommt es bei der Abgrenzung der Umsatzerlöse nicht mehr darauf an, ob die Erlöse aus der gewöhnlichen Geschäftstätigkeit des Unternehmens erzielt werden. Das heißt, dass die Beurteilung von Waren, Erzeugnissen oder Dienstleistungen, ob diese zur gewöhnlichen Geschäftstätigkeit gehört, entfällt und Erlöse, die außerhalb der gewöhnlichen Geschäftstätigkeit liegen, sind den Umsatzerlösen zuzuordnen, statt bisher den sonst. betrieblichen Erträgen. Auch alle Erträge aus der Erbringung von Dienstleistungen und alle Erträge aus Vermietung und Verpachtung der Kapitalgesellschaft, die nicht zur gewöhnlichen Geschäftstätigkeit gehören, werden durch die Vorgaben der Richtlinie unter den Umsatzerlösen erfasst, nicht mehr unter den sonstigen betrieblichen Erträgen.

---

[127] ADS, § 275 HGB, Rn. 39 ; *Hüttemann/Meyer*, HGB, § 275 Rn. 46.
[128] Vgl. *Zwirner*, BilRUG - Gesetze, Materialien, Kommentierung, S. 385.

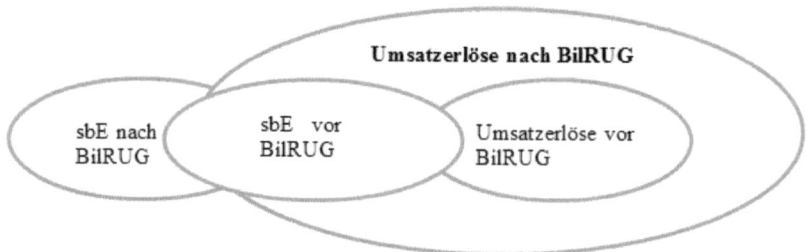

Abb. 6: Ausweitung der Umsatzerlöse nach BilRUG zulasten der bisherigen sonstigen betrieblichen Erträge[129]

Nicht zu den Umsatzerlösen gehören jedoch weiterhin Veräußerungen von Anlagevermögen, da der Bezug zu dem Umlaufvermögen fehlt, sind diese als sonst. betriebliche Erträge auszuweisen, da die außerordentlichen Erträge weg gefallen sind. Jedoch Erlöse durch Vermietungen von Anlagevermögen gelten als Umsätze.[130] Aufgrund des Wegfalls der gewöhnlichen Geschäftstätigkeit, sind damit Änderungen der §§ 275, 277 Abs. 4 HGB verbunden. Die Abgrenzung von außerordentlichen Erträgen und Aufwendungen i.S.d. § 277 Abs. 4 HGB a.f. ist entfallen, sowie die Posten „außerordentliches Ergebnis" der GuV im GKV und UKW, dadurch dass es keine Unterscheidung mehr gibt.[131] Die Trennung zwischen Umsatzlösen und sonst. betrieblichen Erlösen ist eine Einzelfallbeurteilung bei der sich der Bilanzierende in Bezug auf das Geschäftsmodell an folgende Begriffe orientieren kann. Dies sind die Beurteilungskriterien zur Einordnung von Leistungen des Unternehmens als Umsatzerlöse. Umsatzerlöse stammen, wie bereits vor BilRUG, wobei es hierauf nicht mehr ankommt, aus der üblichen und gewöhnlichen Geschäftstätigkeit, die auf einem Absatzmarkt erbracht werden. Der Absatz kann auch intern wie z.B. durch Vermietung oder Verpachtung an Mitarbeitern erfolgen.[132] Entscheidend für die Beurteilung der Umsatzerlöse ist zudem das mit dem Geschäftsmodell bzw. der Geschäftstätigkeit verfolgte, geplante und bewusst gewollte sowie gesteuerte Absatzprogramm des Unternehmens. In diesem Zusammenhang darf kein Widerspruch zwischen der Bestimmung der Umsatzerlöse aus der Tätigkeit des Unternehmens und dem in der Satzung niedergelegten Geschäftszweck bestehen. Die Satzung

---

[129] *Zwirner*, BilRUG - Gesetze, Materialien, Kommentierung, S. 472.
[130] Vgl. *Zwirner*, BilRUG - Gesetze, Materialien, Kommentierung, S. 324-325.
[131] Vgl. *Zwirner*, BilRUG - Gesetze, Materialien, Kommentierung, S. 471-472.
[132] Vgl. *Zwirner*, BilRUG - Gesetze, Materialien, Kommentierung, S. 472-474.

kann hierbei nur als plausibilisierend, nicht jedoch als allein entscheidend angesehen werden.[133]

Abb. 7: Schlagworte im Zusammenhang mit der Abgrenzung der Umsatzerlöse nach BilRUG[134]

Des Weiteren entfallen die Erläuterungspflichten für außerordentliche Erträge und Aufwendungen gem. § 277 Abs. 4 Satz 2 HGB a.f., diese werden ersetzt durch Erläuterungspflichten von Erträgen und Aufwendungen mit außergewöhnlichen Charakter gem. § 285 Nr. 31 HGB n.f. Die Erläuterungspflicht zu periodenfremde Erträge und Aufwendungen gem. § 277 Abs. 4 Satz 3 HGB a.F. werden in § 285 Nr. 32 HGB n.F. überführt.

b. Produkte und Erbringung von Dienstleistungen

Für die Abgrenzung der Umsatzerlöse ist die Abgrenzung von Produkten und Dienstleistungen entscheidend und die Begriffe Erzeugnisse und Waren werden von dem Begriff Produkt ersetzt. Produkte sind die Zusammenfassung von Waren und Dienstleistungen. Durch die neue Abgrenzung der Umsatzerlöse ergibt sich wie schon vor den Neuerungen durch das BilRUG ebenfalls ein Ermessensspielraum.[135] Der Begriff des Produktes ist weder im HGB noch im BilanzR legal definiert.[136] Fraglich ist dabei, ob es sich

---

[133] *Zwirner*, BilRUG - Gesetze, Materialien, Kommentierung, S. 474.
[134] Vgl. *Zwirner*, BilRUG - Gesetze, Materialien, Kommentierung, S. 473.
[135] Vgl. *Zwirner*, BilRUG - Gesetze, Materialien, Kommentierung, S. 471.
[136] Vgl. *Hendricks*, BilRUG für Praktiker, S. 62.

um das Anlagevermögen um ein Produkt handelt.[137] Allerdings begründet der Ausschuss für Recht und Verbraucherschutz (6. Ausschuss), dass die Erlöse aus dem Verkauf von Anlagevermögen wie vor BilRUG regelmäßig keine Umsätze, sondern sonst. betriebliche Erträge darstellen, da die Abgrenzung der Umsatzerlöse zumindest regelmäßig eine gewisse Nähe zum Umlaufvermögen erfordert. Sodass beispielhaft der Verkauf von Betriebsgrundstücken, Betriebsteilen oder zur Produktion genutzten Maschinen weiterhin zu den sonstigen betrieblichen Erträge ausgewiesen werden, auch bei einer außerordentlichen Art und Weise. Jedoch gibt es eine Ausnahme bei Gesellschaften mit einem dualen Geschäftsmodell, d.h. beispielsweise die Gesellschaften vermieten oder leasen nicht nur Produkte oder Dienstleistungen, sondern verkaufen diese auch und die Erlöse aus Leasing bzw. Vermietung und Verkauf zählt zu den Umsatzerlösen. Gesellschaften mit einem dualen Geschäftsmodell sind insbesondere Leasingunternehmen. Es kommt somit weiterhin auf das Geschäftsmodell und der Frage der Regelmäßigkeit des Vorkommens bestimmter Veräußerungsvorgänge an. So gehört beispielsweise der Verkauf von Vorführprodukten zu den Umsatzerlösen, wenn diese Produkte im regelmäßigen, üblichen Geschäftsgang und durch die Geschäftstätigkeit des Unternehmen verkauft werden, dies gilt auch bei Überbeständen und Neben- und Kuppelprodukten.[138]

Beispiele für Umsatzerlöse nach BilRUG im Zusammenhang mit der Veräußerung von Produkten sind demnach:

- Leistungen, die im Rahmen der typischen Geschäftstätigkeit erbracht werden
- Erlöse aus Verkäufen im Rahmen der typischen Geschäftstätigkeit an Mitarbeiter
- Leistungen einer Betriebskantine eines Produktionsunternehmens
- Unterhalt einer Belegschaftankstelle für Mitarbeiter
- Verkauf von Anlagevermögen im Rahmen eines (dualen) Geschäftsmodells
- Verkauf von Vorführprodukten
- Regelmäßige Schrottverkäufe überzähliger Roh-, Hilfs- und Betriebsstoffe
- Verkauf von Neben- und Kuppelprodukten, die aus der Geschäftstätigkeit entstehen[139]

Die Ausweitung der Umsatzerlöse betrifft auch das Erbringen von Dienstleistungen, dass verstärkt auf den Leistungsaustausch abzielt, sodass nur Erlöse ausgewiesen werden können, wenn das Unternehmen eine Leistung erbringt. Daraus folgt, dass Schadenersatzansprüche

---

[137] Vgl. *Hendricks*, BilRUG für Praktiker, S. 60.
[138] Vgl. *Zwirner*, BilRUG - Gesetze, Materialien, Kommentierung, S. 471-476.
[139] *Zwirner*, BilRUG - Gesetze, Materialien, Kommentierung, S. 476 ; *Zwirner*, BilRUG - Gesetze, Materialien, Kommentierung, S. 474.

und Sanierungszuschüsse keine Umsatzerlöse darstellen mangels Gegenleistung. Jedoch führen die Erbringung von innerkonzernlichen Managementleistungen oder bestimmte weiterverrechneten Verwaltungskosten zu Umsätzen, da es eine Leistung darstellt, die vorher unter den sonst. betrieblichen Erträgen ausgewiesen wurden. Liegt kein Leistungsaustausch vor, dann werden die Erlöse unter den sonst. betrieblichen Erlösen und nicht unter den Umsatzerlösen ausgewiesen. So gehören reine innerkonzernliche kalkulatorische Verrechnung, reine Verrechnungen von Umlagen und Sachbezüge zu den sonst. betrieblichen Erlösen, da keine eigene Leistungen vorliegen. Umstritten ist dies bei der Haftungsvergütung einer Komplementärgesellschaft. Nach einer Auffassung fehlt die bewusste und greifbare Gegenleistung und die Haftung unterliegt dem Gesellschaftsrecht, nicht den Entscheidungen oder Handlungen der Unternehmenstätigkeit. Eine andere Beurteilung liegt im Einzelfall vor, wenn ein Leistungsaustausch gegeben ist, dies führt dann zu Umsätzen bei der Komplementärin.[140] Beispiele für Umsatzerlöse nach BilRUG im Zusammenhang mit der Erbringung von Dienstleistungen sind demnach:

- Leistungen, die im Rahmen der typischen Geschäftstätigkeit erbracht werden
- Miet- und Pachteinnahmen
- Vermietung und Verpachtung von Anlagevermögen
- Erlöse aus gelegentlichen Dienstleistungen (z.B. Instandhaltungen, Wartung etc.)
- Erlöse aus Dienstleistungen, die im Rahmen der typischen Geschäftstätigkeit auch an Mitarbeiter erbracht werden
- Vermietung von Werkswohnungen eines Produktionsunternehmens
- vorübergehende Überlassung von nicht durch die eigene Tätigkeit ausgelasteten Mitarbeitern an Dritte
- innerkonzernliche Kostenumlagen für von Dritten bezogenen Leistungen (z.B. verursachungsgerechte Weiterbelastung von Gebäudekosten)
- Konzernumlagen auf Basis eines Leistungsaustauschs (z.B. Managementleistungen, IT-/EDV-Leistungen, Buchhaltung)
- Innerkonzernliche Umlagen und Verrechnungen unter Berücksichtigung von Gewinnaufschlägen für die verrechnende Tätigkeit
- Nutzungsüberlassungen mit Bezug zur Geschäftstätigkeit
- Zuschüsse mit Leistungsaustausch bzw. Gegenleistungsverpflichtung

---

[140] Vgl. *Zwirner*, BilRUG - Gesetze, Materialien, Kommentierung, S. 476-478.

- Provisionen aus gelegentlichen Vermittlungsgeschäften[141]

Anders als in der Literatur angegeben vernachlässigt die Faustformel:

Umsatzerlöse nach § 277 Abs.1 HGB a.F.
+ sonst. betriebliche Erträge
+ außerordentliche Erträge
= Umsatzerlöse nach § 277 Abs. 1 HGB n.F.

Abb. 8: Ausweitung der Umsatzerlöse nach BilRUG als Faustformel[142]

Dass auch nach BilRUG sonst. betriebliche Erträge ausgewiesen werden. Auch werden bei dem Verkauf von Anlagevermögen nur die Buchgewinne und nicht die Einnahmen als sonst. betriebliche Erträge ausgewiesen. Des Weiteren sind die Einnahmen beim Verkauf von Anlagevermögen bei Buchverlusten nicht in die sonst. betriebliche Erträge enthalten, sondern werden in den sonst. betrieblichen Aufwendungen berichtet. Liegt jedoch eine Erlösminderung des Restbuchwertes vor, dann würde wörtlich eine Minderung der Umsatzerlöse nach der Neudefinition des § 277 Abs. 1 HGB in Betracht kommen. Allerdings spricht das Verständnis einer Erlösschmälerung dagegen und ist nicht vergleichsweise anwendbar mit der Behandlung der Veräußerungserläse aus dem Umlaufvermögen.[143] Die Gegenmeinung ist, dass wie vor BilRUG ein Ertrag aus der Veräußerung von Anlagevermögen nicht zu den Umsatzerlösen gehört mangels Nähe zum Umlaufvermögen.[144] Der Verkauf von Produkten und oder die Erbringung von Dienstleistungen, sowie der Vermietung oder Verpachtung von Produkten außerhalb der gewöhnlichen Geschäftätigkeiten fallen unter den Umsatzerlöse, nicht mehr zu den sonstigen betrieblichen Erträgen.[145] Aus diesem Grund wird es in Zukunft für die Abgrenzung auf die Begriffe Produkt und Dienstleistung ankommen, die zur Orientierung dienen.[146] Jedoch wird ein Ermessensspielraum bestehen bleiben, da eine klare Trennung zwischen Umsatzerlösen und sonstigen betrieblichen Erträgen schwierig sein wird, da dies mit der Bilanzpolitik tangiert.[147]

---

[141] *Zwirner*, BilRUG - Gesetze, Materialien, Kommentierung, S. 477 ; *Zwirner*, BilRUG - Gesetze, Materialien, Kommentierung, S. 474.
[142] *Hendricks*, BilRUG für Praktiker, S. 61.
[143] Vgl. *Hendricks*, BilRUG für Praktiker, S. 61.
[144] Vgl. *Zwirner*, BilRUG - Gesetze, Materialien, Kommentierung, S. 325.
[145] Vgl. *Zwirner*, BilRUG - Gesetze, Materialien, Kommentierung, S. 274 und S. 474.
[146] Vgl. *Zwirner*, BilRUG - Gesetze, Materialien, Kommentierung, S. 325.
[147] Vgl. *Zwirner*, BilRUG - Gesetze, Materialien, Kommentierung, S. 472.

c. Abzug von Steuern die direkt mit dem Umsatz zusammenhängen

Nach dem Wortlaut des Gesetzes sind von den Umsatzerlösen die Steuern, die direkt mit dem Umsatz zusammenhängen, abzuziehen. Dies kann nur für Steuern gelten, die nicht bei der Ermittlung der Herstellkosten i.S.d. § 255 Abs. 2 HGB einzubeziehen sind. Daher verbleiben nur die Verbrauchsteuern, die direkt mit dem Umsatz verbunden sind, dies sind nur die Steuern, deren Bemessungsgrundlage in den Umsatzerlösen wiederspiegeln. Die Umsatzerlöse werden netto gezeigt, da die Umsatzsteuer ein durchlaufender Posten ist. Bei dem Ausweis der direkt mit dem Umsatz zusammenstehenden Steuern ist der Umsatz, um die Steuern zu kürzen, die auf den Kunden abgewälzt wurden und im Umsatz enthalten sind. Das Unternehmen gilt als Steuerschuldner, da es die Steuern abführen muss, jedoch werden die Steuern auf den Endverbraucher weitergegeben und von diesem getragen. Entscheidend bei der Kürzung der Umsatzerlöse ist, dass das Unternehmen Steuerschuldner ist. Verbrauchssteuern, die im Preis enthalten sind, die der Bilanzierende als Händler aber nicht schuldet, werden von den Umsatzerlösen nicht abgezogen. Der Abzug der Steuern ist zulässig, wenn die Steuern wertmäßig und zeitlich direkt mit den Umsatzerlösen im Zusammenhang stehen. Dies bedeutet, dass mit der Entstehung der Steuer und dem Ausweis der Umsatzerlöse ein enger zeitlicher Zusammenhang besteht, was auch Voraussetzung für den i.S.d. § 277 Abs. 1 HGB geforderten Nettoausweis ist. Auf Grund dieses Merkmals kommen nur Steuern in Betracht, die preisabhängig sind. Jedoch begründen Mengensteuern keinen Abzug der Umsatzerlöse. Dies lässt sich am Beispiel der Stromsteuer erläutern, da mit einem engen zeitlichen Zusammenhang ausgegangen werden kann, weil während des Zeitpunkts des Verbrauchs der Umsatz realisiert wird, sodass der Verbrauch und die Leistungserbringung zeitlich übereinstimmen. Weitere Steuern sind u.a. die Umsatzsteuer, Energiesteuer auf Gas und Kohle und die Vergnügungsteuer. Im Umkehrschluss bedeutet dies, dass der Abzug der Umsatzerlöse bei Verbrauchsteuern nicht möglich ist, wenn der Zeitpunkt der Entstehung der Steuer im steuerrechtlichen Sinne nicht dem Zeitpunkt der handelsrechtlichen Umsatzrealisierung entspricht. Allerdings kommt ein Ausweis in der GuV unter dem Posten sonstige Posten oder eine Aktivierung als Anschaffungskosten in Betracht, was zu Abweichungen zwischen der Auffassung des BFH und der handelsrechtlichen Meinung führen kann.[148] Die Auffassung des BFH ist, dass die Branntweinsteuer auf nicht selbst hergestellten, aber noch im Steuerlager befindlichen Rein-Alkohol zur Spirituosenherstellung eingesetzt wurde oder wird als Anschaffungsnebenkosten zu aktivieren

---

[148] Vgl. *Zwirner*, BilRUG - Gesetze, Materialien, Kommentierung, S. 478-484.

ist. Jedoch wird eine Aktivierung der Biersteuer als Herstellkosten abgelehnt.[149] Würden die Umsatzerlöse, um diese Steuern gekürzt werden, dann würde die Höhe der Umsatzerlöse falsch dargestellt werden. Oftmals handelt es hier um Einzelfallentscheidungen, bei denen beurteilt werden muss, wie groß der Unterschied zwischen der Entstehung und der handelsrechtlichen Realisierung ist und bedarf der Auslegung.[150]

Steuer (Steuergegenstand)	Entstehungszeitpunkt der Steuer	Bemessungsgrundlage	Kürzung i.S.v. § 277 Abs. 1 HGB?
Biersteuer (BierStG)	Regelmäßig zum Zeitpunkt der Überführung des Bieres in den steuerrechtlichen freien Verkehr, außer es liegt eine Steuerbefreiung vor gem. § 14 Abs. 1 BierStG	Das Bier i.S.d. § 1 Abs. 2 BierStG dient als Besteuerungsgrundlage. Die Besteuerung erfolgt in Abhängigkeit des Stammwürzegehalts gem. § 2 Abs. 1 BierStG	Ein Abzug ist nicht möglich, da der Zeitpunkt der Steuerentstehung vom handelsrechtlichen Umsatzrealisierungszeitpunkt auseinander liegt.
Energiesteuer (EnergieStG)	Die Steuer entsteht, wenn ein Steuergegenstand aus dem Steuerlager entfernt wird, sowie wenn ein Steuergegenstand innerhalb des Steuerlagers zum Verbrauch entnommen wird bzw. bei Lieferung an den Kunden gem. §§ 8, 32, 38 EnergieStG i.V.m.	Besteuert wird grds. der Verbrauch von Energieerzeugnissen zu energetischen Zwecken. Die Besteuerung erfolgt in Abhängigkeit von Verbrauch und Energieerzeugnis gem. § 1 Abs. 2 und 3 EnergieStG	Ein Abzug ist bei Kohle und Gas gegeben, da zum Zeitpunkt des Verbrauchs regelmäßig der Umsatz entsprechend realisiert wird.

Ein Abzug ist bei Mineralöl nicht möglich, da der Zeitpunkt der Steuerentstehung vom handelsrechtlichen |

---

[149] Vgl. Baumann, BilRUG – Auswirkungen auf das deutsche Bilanzrecht, § 277, Rn. 94.
[150] Vgl. *Zwirner*, BilRUG - Gesetze, Materialien, Kommentierung, S. 478-484 ; vgl. Vgl. Kirsch, DStR 2015, S. 665..

	der gelieferten Energieform. Bei Erdgas und Kohle entsteht die Steuer zum Zeitpunkt der Lieferung und bei Mineralöl bei der Entnahme aus dem Steuerlager		Umsatzrealisierungszeit punkt auseinander liegt.
Grunderwerbsteuer (GrEStG)	Die Grunderwerbsteuer entsteht grds. bereits mit Abschluss des rechtswirksamen schuldrechtlichen Kaufvertrags gem. § 38 AO, § 14 GrEStG	Die Steuer wird an dem Wert der Gegenleistung bemessen gem. § 8 GrEStG	Der Abzug kommt nicht in Betracht, da die Steuer regelmäßig direkt vom Käufer getragen wird und nicht im Verkaufspreis enthalten ist.
Kernbrennstoffsteuer (KernbrStG)	Die Steuer entsteht durch den erstmaligen Einsatz eines Brennelements oder einzelner Brennstäbe in einem Kernreaktor und eine selbsttragende Kettenreaktion ausgelöst wird gem. § 5 KernbrStG	Gem. § 1 KernbrStG gilt als Bemessungsgrundlag e der Kernbrennstoff, der zur gewerblichen Erzeugung von elektrischem Strom verwendet wird (Uran, Plutonium). Die Besteuerung erfolgt in Abhängigkeit von Gramm gem. § 3 KernbrStG.	Ein Abzug kann in Betracht kommen, wenn und auch nachweisbar ist, dass der Strom, der durch Kernenergie erzeugt wurde, zeitnah verkauft und nicht gespeichert wird.
Schaumweinsteuer / Zwischenerzeugnissteuer (SchaumwZwStG)	Regelmäßig zum Zeitpunkt der Überführung des	Der Schaumweinsteuer unterliegt der	Ein Abzug ist nicht möglich, da der Zeitpunkt der

	Schaumweins / Zwischenerzeugnisse in den steuerrechtlichen freien Verkehr / Entnahme aus dem Steuerlager gem. § 14 Abs. 1 SchaumwZwStG	Schaumwein i.S.d. SchaumwZwStG gem. § 1 Abs. 1 und 2 SchaumwZwStG. Die Besteuerung erfolgt in Abhängigkeit von Menge (hl) und Alkoholgehalt	Steuerentstehung vom handelsrechtlichen Umsatzrealisierungszeitpunkt auseinander liegt.
Stromsteuer (StromStG)	Die Steuer entsteht dadurch, dass vom im Steuergebiet ansässigen Versorger geleisteter Strom durch Letztverbraucher im Steuergebiet aus dem Versorgungsnetz entnommen wird oder dadurch, dass der Versorger dem Versorgungsnetz Strom zum Selbstverbrauch entnimmt. Bei Eigenerzeugern entsteht die Steuer vorbehaltlich gem. mit der Entnahme von Strom zum Selbstverbrauch in Steuergebiet gem. § 5 Abs. 1 StromStG	Elektrischer Strom unterliegt im Steuergebiet der Stromsteuer gem. § 1 Abs. 1 StromStG. Die Besteuerung erfolgt in Abhängigkeit von Megawattstunden gem. § 3 StromStG	Ein Abzug ist möglich, da zum Zeitpunkt des Verbrauchs regelmäßig der Umsatz realisiert wird. Zeitpunkt der Entnahme bzw. Zeitpunkt des Verbrauchs werden mit der Leistungserbringung zusammenfallen
Tabaksteuer (TabStG)	Regelmäßig zum	Tabakwaren i.S.d. §	Ein Abzug ist nicht

	Zeitpunkt der Überführung der Tabakwaren in den steuerrechtlichen freien Verkehr / Entnahme aus dem Steuerlager gem. § 15 Abs. 1 TabStG	1 TabStG werden besteuert, diese erfolgt in Abhängigkeit von Tabakform nach Stückzahl gem. § 2 Abs. 1 TabStG	möglich, da der Zeitpunkt der Steuerentstehung vom handelsrechtlichen Umsatzrealisierungszeit punkt auseinander liegt.
Umsatzsteuer (UStG)	Die Steuer entsteht grds. mit Ablauf des Voranmeldezeitraums, in dem die Leistungen ausgeführt worden sind gem. § 13 Abs. 1 UStG. Die Steuer entsteht mit Leistungserbringung.	Der Umsatzsteuer unterliegen die Umsätze i.S.d. UStG. Die Besteuerung erfolgt grds. mit 19% der Bemessungsgrundlag e gem. § 12 Abs. 1 UStG bzw. mit dem ermäßigten Steuersatz i.H.v. 7% gem. § 12 Abs. 2 UStG.	Ein Abzug ist möglich, da zum Zeitpunkt der Umsatzrealisierung und Zeitpunkt der Steuerentstehung regelmäßig zusammenfallen. Es kommt auf den Zeitpunkt der Leistungserbringung an.
Vergnügungssteuer (VergnügStG)	Die Steuer ist abhängig von Eintrittsgeldern oder Einspielergebnis von Spiel- und Unterhaltungsautomat en gem. § 3 VergnügStG und entsteht mit dem Erbringen der vergnügungssteuerpfli chtigen Leistung	Der Vergnügungssteuer unterliegen u.a. der Betrieb von Musikautomaten und von Spiel- und Unterhaltungsautoma ten mit und ohne Gewinnmöglichkeit sowie in ihrer Art ähnlichen Geräten in Spielhallen, ähnlichen	Ein Abzug ist möglich, da der Zeitpunkt der Umsatzrealisierung und Zeitpunkt der Steuerentstehung regelmäßig zusammenfallen.

		Unternehmen, Gast- und Schankwirtschaften, Kantinen, Vereins- und ähnlichen Räumen sowie an sonstigen der Öffentlichkeit zugänglichen Orten. Ebenso unterliegen der Vergnügungssteuer das Ausspielen von Geld oder Sachwerten in Spielklubs, Spielkasinos oder ähnlichen Einrichtungen gem. § 1 VergnügStG.	
Versicherungsteuer (VersStG)	Die Steuer entsteht zum Zeitpunkt der Zahlung des Versicherungsentgelts gem. § 1 Abs. 1 VersStG	Die Steuer beträgt 19% des gezahlten Versicherungsentgelt s gem. § 6 Abs. 1 VersStG	Ein Abzug ist nicht möglich, da die Steuer erst mit Zahlung des Versicherungsentgelts

Abb. 9: Ausgewählte Verbrauchssteuern die für einen Abzug der Umsatzerlöse in Betracht kommen mit Erläuterungen[151]

1.   Systematische Auslegung

Durch das BilRUG wurden Änderungen am HGB, EGHGB, GmbHG, AktG und PublG, sowie anderen Regelungen vorgenommen. Hauptsächlich tangieren die Änderungen das HGB

---

[151] *Zwirner*, BilRUG - Gesetze, Materialien, Kommentierung, S. 479-482.

und die Vorschriften zur Rechnungslegung im Einzel- und Konzernabschluss.[152] Durch die Änderungen in der Gliederung der GuV gem. § 275 HGB sind entsprechend Anpassungen in den §§ 276, 277 und 285 HGB vorgenommen worden.[153]

2. Historische Auslegung

Das BilRUG ist seit BilMoG die größte Reform des HGB.[154] Durch das BilMoG wurde das deutsche Bilanzrecht modernisiert und weiterentwickelt.[155]Auch sollen die Vorschriften des BilRUG zur Erleichterungen der Rechnungslegungsvorgaben auf das MicroBilG erstreckt werden. Die EU-RL 2013/34 vom 26.06.2013 berücksichtigt das Dokument der EU in Ihrer Mitteilung „Intelligente Regulierung in der EU" vom Oktober 2010 mit dem Ziel Verwaltungslasten im Verhältnis zu dem erzielten Nutzen zu senken. Die Bedeutung von kleinen und mittleren Unternehmen wurde in der Mitteilung der EU „Vorfahrt für KMU in Europa – Der Small Business Act für Europa" unterstrichen mit dem Ziel diese zu entlasten. In der weiteren Mitteilung der Kommission „Binnenmarktakte" von April 2011 wurde vorgeschlagen die RL 78/660/EWG und 83/349/EWG mit dem Bezug den Verwaltungsaufwand von kleinen und mittleren Unternehmen zu vereinfachen. Des Weiteren beinhaltet die Strategie 2020 für intelligentes, nachhaltiges und integratives Wachstum die Ziele Verwaltungsaufwendungen zu verringern, kleine und mittlere Unternehmen und deren Internationalisierung zu fördern.[156] Der historische Wille des Gesetzgebers beruht auf dem Prinzip „Vorfahrt für KMU".[157] Das BilRUG wurde am 18.06.2015 im Deutschen Bundesrat verabschiedet, nachdem der Bundesrat den Gesetzesbeschluss am 10.07.2015 angenommen hat. Die Vorgaben des BilRUG waren bis zum 20.07.2015 in deutsches Recht umzusetzen, die Bekanntmachung des Gesetzes erfolgte, nach der Unterzeichnung durch den Bundespräsidenten am 22.07.2015 und trat am 23.07.2015 in Kraft.[158] Durch den Referentenentwurf wurde am 27.07.2014 die konkreten Änderungen und Neuerungen vorgestellt mit dem Schwerpunkt des handelsrechtlichen Einzel- und Konzernabschluss, sowie den tangierten Gesetzen. Bei dem Regierungsentwurf vom 07.01.2016 wurden die Kommentare und Anregungen teilweise vom Gesetzgeber berücksichtigt. Auf dem ersten Blick scheint es keine großen Abweichungen zu geben, jedoch gibt es eine Vielzahl von

---

[152] Vgl. *Zwirner*, BilRUG - Gesetze, Materialien, Kommentierung, S. 380.
[153] Vgl. *Zwirner*, BilRUG - Gesetze, Materialien, Kommentierung, S. 273.
[154] Vgl. *Hendricks*, BilRUG für Praktiker, S. 2.
[155] Vgl. *Zwirner*, BilRUG - Gesetze, Materialien, Kommentierung, S. 252.
[156] Vgl. *Zwirner*, BilRUG - Gesetze, Materialien, Kommentierung, S. 1-2.
[157] Vgl. *Zwirner*, BilRUG - Gesetze, Materialien, Kommentierung, S. 4.
[158] Vgl. *Zwirner*, BilRUG - Gesetze, Materialien, Kommentierung, S. 245 vgl. *Zwirner*, BilRUG - Gesetze, Materialien, Kommentierung, S. 377.

Änderungen im Detail im Vergleich zu dem Referentenentwurf. So betreffen die Änderungen das HGB insbesondere den Einzelabschluss und Detailregelungen. Auch Änderungsvorschläge wurden rückgängig gemacht, der Gesetzgeber beschränkte sich auf die Umsetzung der EU-Vorgaben, sodass Anregungen u.a. vom IDW und DRSC abgelehnt wurden. Bei der Stellungnahme des Bundesrats am 18.03.2015 wurden auf die zusätzlichen Mehrkosten bei den Länderfinanzverwaltungen und bei den Unternehmen, sowie dem zusätzlichem Erfüllungsaufwand hingewiesen, die durch die rückwirkende Anwendungsmöglichkeit bei der Neugliederung von Bilanz und GuV entstehen. Der Bundesrat empfahl, dass die rückwirkende Anwendung für das Geschäftsjahr 2014 gestrichen wird und die Neugliederung ebenfalls ab 31.12.2015 zur Anwendung kommt. Dieser Empfehlung folgte auch der Ausschuss für Recht und Verbraucherschutz (6. Ausschuss), der am 17.06.2015 der Bundesregierung die Beschlussempfehlung zum BilRUG vorlegte. Der 6. Ausschuss begründete dies damit es zu keinen Problemen bei der Taxonomie und der elektronischen Übermittlung im Steuerrecht vermieden werden und der Umstellung mehr Zeit gegeben wird.[159] Ansonsten würden die Bilanzen und Gewinn- und Verlustrechnungen nicht übermittelt werden können und von den Verwaltungen verarbeitet werden können. Das BMF teilte mit, dass die Taxonomie 5.3 und 5.4 die neuen Gliederungsposten nicht enthalten.[160] An die Ausweitung der Schwellenwerte bei gleichzeitiger Erstanwendung der Neudefinition der Umsatzerlöse wird in der Endfassung festgehalten. Der Bundestag hat die Empfehlung und den Bericht des Ausschusses für Recht und Verbraucherschutz (BT-Druck: 18/4050, 18/4351 und 18/5256) unverändert angenommen.[161] Der Gesetzesentwurf beinhaltet die Möglichkeit zur Anhebung der Schwellenwerte der Größenklassifizierungen, um bürokratische Belastungen zu verringern, sowie die Verringerung von Anhangangaben bei kleinen Kapitalgesellschaften. Der Gesetzesentwurf sieht nur begrenzt Änderungen vor, die über die Umsetzung der Richtlinie hinausgehen, dies sind insbesondere Präzisierungen und Änderungen redaktioneller Art, um die Anwendbarkeit der Vorschriften zu erleichtern und die Vergleichbarkeit zu erhöhen. Der Gesetzesentwurf sieht auch im Wesentlichen die Beibehaltung der bisherigen Regelungen im HGB vor, da diese im durch vorherige EU-Vorgaben geändert wurden.[162] Die Gesetzesfolgen des Regierungsentwurfs beinhaltet eine Vielzahl von Rechtsvereinfachungen und Klarstellungen, die die Rechnungslegung von Kapitalgesellschaften zu vereinfachen und vergleichbarer zu machen. Um widersprüchliche

---

[159] Vgl. *Zwirner*, BilRUG - Gesetze, Materialien, Kommentierung, S. 378-379.
[160] Vgl. *Zwirner*, BilRUG - Gesetze, Materialien, Kommentierung, S. 317-318.
[161] Vgl. *Zwirner*, BilRUG - Gesetze, Materialien, Kommentierung, S. 379.
[162] Vgl. *Zwirner*, BilRUG - Gesetze, Materialien, Kommentierung, S. 252-253.

Anforderungen oder unterschiedliche Terminologien zu vermeiden, wurden die Regelungsvorschläge an den bestehenden Regelungen des HGB angepasst. Des Weiteren beinhaltet der Gesetzesentwurf den Leitgedanken der Bundesregierung, dass kleine Kapitalgesellschaften nachhaltig bei der Rechnungslegung entlastet werden, dass zur Kostensenkung für die Wirtschaft sorgt.[163] Die Begründung des Regierungsentwurfs sagt zu der Anhebung der Schwellenwerte, dass diese auf Artikel 3 Abs. 2 bis 4 der EU-RL 2013/34/EU zurück geht und die eingeräumten Möglichkeiten in vollem Umfang übernommen werden mit den entsprechenden Entlastungen.[164] Auch bestehen bei der Formulierung zwischen Art. 2 Nr. 5 der EU-RL 2013/34/EU und § 277 Abs. 1 HGB keine materiellen Unterschiede.[165] Der Wegfall der Angaben zu den außerordentlichen Erträgen und Aufwendungen gehen auf die Änderungen im europäischen Recht zurück, denn Art. 13 Abs. 1 der EU-RL 2013/34/EU verbietet dies künftig in Verbindung mit Anhang V und VI (dort befinden sich die Gliederungsvorgaben für die GuV nach Funktion der Aufwendungen gem. Art. 13)[166], dass außerordentlichen Posten gesondert in der GuV ausgewiesen werden. Künftig soll der Ausweis von Erträge und Aufwendungen mit außergewöhnlicher Bedeutung oder Größe im Anhang erfolgen gem. Art. 16 Abs. 1 Buchstabe b EU-RL 2013/34/EU.[167] Dabei wurden die Erläuterungspflicht gestrichen und nur auf den Betrag und die Art der Erträge und Aufwendungen beschränkt werden, um unnötige Bürokratiekosten zu vermeiden.[168] Darauf beruht auch die Ausweitung der Umsatzerlöse durch den Wegfall der außerordentlichen Erträgen und Aufwendungen. Die Erweiterung auf den Bezug von Produkten und Dienstleistungen außerhalb der gewöhnlichen Geschäftstätigkeit begründet dass keine sonstigen betrieblichen Erträge ausgewiesen werden sondern dies künftig zu den Umsatzerlösen zugerechnet wird.[169] Die Anhangangaben erfordern eine größere Anzahl an Änderungen bei den Pflichtangaben. Da die Anhangangaben von großer Bedeutung in der Praxis sind wurde auf eine Neuordnung der Nummern verzichtet.[170]

[163] Vgl. *Zwirner*, BilRUG - Gesetze, Materialien, Kommentierung, S. 254.
[164] Vgl. *Zwirner*, BilRUG - Gesetze, Materialien, Kommentierung, S. 268.
[165] Vgl. *Baumann*, BilRUG – Auswirkungen auf das deutsche Bilanzrecht, Rn. 69.
[166] Vgl. *Zwirner*, BilRUG - Gesetze, Materialien, Kommentierung, S. 377.
[167] Vgl. *Zwirner*, BilRUG - Gesetze, Materialien, Kommentierung, S. 274.
[168] Vgl. *Zwirner*, BilRUG - Gesetze, Materialien, Kommentierung, S. 326.
[169] Vgl. *Zwirner*, BilRUG - Gesetze, Materialien, Kommentierung, S. 274.
[170] Vgl. *Zwirner*, BilRUG - Gesetze, Materialien, Kommentierung, S. 275-276.

3. Teleologische Auslegung

Mit der Richtlinie 2013/34/EU werden die europäischen Bilanzrichtlinien 78/660/EWG und 83/349/EWG in eine Richtlinie zusammengeführt.[171] Sinn und Zweck der EU-Bilanzrichtlinie 2013/34/EU ist es nationale Rechnungslegungsstandards innerhalb der EU und an die IFRS anzupassen, sowie kleine und mittlere Unternehmen durch Bürokratieabbau zu entlasten, das den Wirtschaftsstandort Deutschland stärken soll. Denn ein starker Wirtschaftsstandort ist ein Indikator für einen steigenden Wohlstand in der Gesellschaft und der Verbesserung der Lebensqualität. Auch zielt die Bilanz-RL darauf ab, dass der Jahresabschluss von Kapitalgesellschaften und bestimmten Personenhandelsgesellschaften im EWR einheitlich dargestellt wird.[172] Auch wurden einzelne Vorschriften präzisiert und verbessert, um die Anwendung der Vorschriften zu erleichtern.[173] Des Weiteren wird der angestrebte Prozess der weltweit angelegten Berichterstattung europäischer Unternehmen vorangetrieben. Dadurch werden doppelte Berichtpflichten europäischer Unternehmen, deren Wertpapiere an Börsen gehandelt werden, entfallen.[174] Die Entlastungen werden u.a. durch die Erhöhung der Schwellenwerte der Größenklassifizierungen erreicht, in dem die Kapitalgesellschaften von den größenabhängigen Folgen befreit werden. Der Gesetzgeber schöpft dabei den Erhöhungsrahmen der EU-Vorgaben voll aus. Dadurch wird die Anzahl der prüfungspflichtigen Unternehmen in Deutschland im internationalen Vergleich weiter sinken, da es vor BilRUG schon relativ hohe Schwellenwerte im internationalen Vergleich gab.[175] Sodass als bisher mittelgroß oder große Kapitalgesellschaften als klein oder mittelgroß gelten, was etwa 7000 bisher mittelgroße und etwa 300 bisher große Kapitalgesellschaften betrifft. Konkret führt dies zu Entlastungen von etwa 118 Mio. € und zu einem Mehraufwand durch Umstellungen i.H.v. 2,4 Mio. €.[176] Auch werden Anhangangaben für kleinere Kapitalgesellschaften verringert, die insbesondere für Kapitalgesellschaften ab einer gewissen Größe gedacht werden.[177] Kleine Kapitalgesellschaften werden von weiteren Pflichtangaben im Anhang befreit und es sind ein paar wenige zusätzliche Pflichtangaben vorgesehen. Jedoch für mittlere und große Kapitalgesellschaften werden sich die Angabepflichten im Anhang erweitern.[178] Die Rechnungslegungsvorschriften der EU-RL berücksichtigen die Interessen

---

[171] Vgl. *Zwirner*, BilRUG - Gesetze, Materialien, Kommentierung, S. 245.
[172] Vgl. *Hendricks*, BilRUG für Praktiker, S. 1 ; vgl. *Zwirner*, BilRUG - Gesetze, Materialien, Kommentierung, S. 245 ; vgl. *Zwirner*, BilRUG - Gesetze, Materialien, Kommentierung, S. 254.
[173] Vgl. *Zwirner*, BilRUG - Gesetze, Materialien, Kommentierung, S. 252.
[174] Vgl. *Zwirner*, BilRUG - Gesetze, Materialien, Kommentierung, S. 247.
[175] Vgl. *Hendricks*, BilRUG für Praktiker, S. 4.
[176] Vgl. *Zwirner*, BilRUG - Gesetze, Materialien, Kommentierung, S. 258.
[177] Vgl. *Zwirner*, BilRUG - Gesetze, Materialien, Kommentierung, S. 252.
[178] Vgl. *Zwirner*, BilRUG - Gesetze, Materialien, Kommentierung, S. 281.

der Adressaten des Jahresabschlusses und die Interessen der Unternehmen, diese nicht zu stark zu belasten, in einem ausgeglichenen Verhältnis. Der Jahresabschluss ist so zu erstellen, dass es ein tatsächliches Bild der Vermögens-, Finanz-, und Ertragslage darstellt. In Ausnahmefällen ist es möglich, dass das tatsächliche Bild nicht gegeben ist, wenn die Vorgaben der EU-RL befolgt werden. Allerdings soll das Unternehmen von den Vorgaben abweichen, um ein tatsächliches Bild der Lage des Unternehmens zu erhalten.[179] Die Adressaten der Jahresabschlüsse haben ein begrenztes Interesse an den Angaben im Anhang kleiner Unternehmen und für diese ist dies i.d.R. kostspielig.[180] Auch soll mit dieser Richtlinie, dass die Anforderungen kleinerer Unternehmen innerhalb der EU angepasst werden und dem Prinzip „Vorfahrt für KMU" befolgen.[181] Auch sollen die Jahresabschlüsse besser vergleichbar sein innerhalb der EU, dies soll durch die Beschränkung der Anzahl der Gliederungsformen der Bilanz und GuV erfolgen und durch vereinfachte Fassungen der vorgeschriebenen Gliederungsschemata für kleine und mittlere Unternehmen. Auch soll ein gemeinsamer Rahmen bei der Darstellung von Ertrags- und Aufwandsposten in außerordentlicher Größenordnung vorgegeben werden, das zur verbesserten Vergleichbarkeit dient.[182] Des Weiteren wird die Vergleichbarkeit von Anhangangaben durch die Änderungen der Berichtspflichten zu außerordentlichen Erträgen und Aufwendungen verbessert.[183] Die Ausweitung der Umsatzerlöse ist dementsprechend die Folge der Aufhebung des gesonderten Ausweises der außerordentlichen Erträgen und Aufwendungen.[184]

II. Ableitung und Auslegung der mit dem BilRUG einhergehenden Änderungen in der Gewinn- und Verlustrechnung

Die EU-Bilanzrichtlinie schreibt vor, dass in der GuV außerordentliche Aufwendungen und Erträge nicht mehr ausweispflichtig sind, wodurch sich Änderungen ergeben insbesondere im Anhang gem. § 285 Nr. 31 HGB.[185] Eine freiwillige Gliederungserweiterung der GuV gem. § 265 Abs. 5 HGB ist nicht zulässig, darauf weist die Begr. zum RegE ausdrücklich hin.[186] Hintergrund der Änderung der GuV-Mindestgliederung könnte sein, dass die Trennung von außerordentlicher und gewöhnlicher Geschäftätigkeit subjektiv eingeschätzt wurde, wodurch in der Praxis wurde Bilanzpolitik vermutet, da selten außerordentliche Erträge,

---

[179] Vgl. *Zwirner*, BilRUG - Gesetze, Materialien, Kommentierung, S. 3-4.
[180] Vgl. *Zwirner*, BilRUG - Gesetze, Materialien, Kommentierung, S. 7.
[181] Vgl. *Zwirner*, BilRUG - Gesetze, Materialien, Kommentierung, S. 4.
[182] Vgl. *Zwirner*, BilRUG - Gesetze, Materialien, Kommentierung, S. 6-7.
[183] Vgl. *Zwirner*, BilRUG - Gesetze, Materialien, Kommentierung, S. 261.
[184] Vgl. *Zwirner*, BilRUG - Gesetze, Materialien, Kommentierung, S. 274.
[185] Vgl. *Müller*, BC 2/2016, S. 58 ; vgl. *Müller*, BC 1/2016, S. 8 ; vgl. Kirsch, DStR 2015, S. 664.
[186] Vgl. Kirsch, DStR 2015, S. 664.

sondern häufig außerordentliche Aufwendungen ausgewiesen wurden.[187] Auch geht durch die Aufgabe der außerordentlichen Erträge und Aufwendungen die Änderung des § 277 Abs. 1 HGB einher.[188] Wodurch sich bei der Gliederung der handelsrechtlichen GuV für das GKV und UKV Anpassungen ergeben, in dem der Ausweis des Ergebnisses aus gewöhnlicher Geschäftstätigkeit wegfällt.[189]

§ 275 Abs. 2 HGB:	§ 275 Abs. 3 HGB:
GKV-Gliederung (statt der bisherigen Nummern 14-20)	UKV-Gliederung (statt der bisherigen Nummern 13-19)
14. Steuern vom Einkommen und vom Ertrag	13. Steuern vom Einkommen und vom Ertrag
15. Ergebnis von Steuern	14. Ergebnis nach Steuern
16. sonstige Steuern	15. sonstige Steuern
17. Jahresüberschuss/Jahresfehlbetrag	16. Jahresüberschuss/Jahresfehlbetrag

Abb. 10: Die neue GuV-Gliederung nach GKV und UKV[190]

Bei dem UKV ergeben sich Widersprüche durch die Änderung der Definition der Umsatzerlöse, da diese widersprüchlich zur kostenstellenrechnerischen Konzeption des UKV definiert wurden und eine widersprüchliche Abgrenzung der Herstellkosten des Umsatzes entsteht. Das Bruttoergebnis führt zu einer irreführenden Zwischengröße des Ergebnisses, insbesondere dadurch, dass die Neudefinition nicht zu dem UKV passt, da sich das UKV an der Absatzmenge der erbrachten Leistung orientiert.[191]

III.   Annäherung an IFRS-Vorschriften

Die Änderungen durch das BilRUG sind insbesondere durch die Anpassung an die IFRS geprägt.[192] Es wird eine weltweit angelegte Berichterstattung europäischer Unternehmen angestrebt, die durch die RL 2013/34/EU vorangetrieben wird.[193] Bei der Streichung der außerordentlichen Erträgen und Aufwendungen in der GuV liegt eine Annäherung an IFRS-Vorschriften vor, jedoch lässt sich dies bei der Ausdehnung der Umsatzerlöse verneinen.[194] Auch wird sich durch den Ausweis der außerordentlichen Erträge und Aufwendungen gem. §

---

[187] Vgl. *Müller*, BC 2/2016, S. 58 ; vgl. *Müller*, BC 1/2016, S. 8.
[188] Vgl. *Kirsch*, DStR 2015, S. 664.
[189] Vgl. *Zwirner*, BilRUG - Gesetze, Materialien, Kommentierung, S. 462.
[190] *Zwirner*, BilRUG - Gesetze, Materialien, Kommentierung, S. 462.
[191] Vgl. *Haaker*, DStR 2015, S. 964.
[192] Vgl. *Müller/Lange/Kreipl*, Bilanz+Buchhaltung, 10/2014, S. 22-23.
[193] Vgl. *Zwirner*, BilRUG - Gesetze, Materialien, Kommentierung, S. 247.
[194] Vgl. *Zwirner*, BilRUG - Gesetze, Materialien, Kommentierung, S. 320.

285 Nr. 31 HGB durch die Erhöhung der Vergleichbarkeit des Jahresabschlusses an die internationale Rechnungslegung angenähert.[195]

IV. Zusammenstoß der GoB

Die Ausweitung der Umsatzerlöse hat zur Folge, dass künftig Erlöse ohne Bezug zur gewöhnlichen Geschäftstätigkeit als Umsatzerlöse ausgewiesen werden und nicht mehr zu den sonstigen betrieblichen Erträgen. Durch „Scheinumsatzerlöse" wird der GuV-Posten Umsatzerlöse, der vor BilRUG die Erlöse aus dem Kerngeschäft angezeigt hat, verwässert. Dies steht im Widerspruch zu § 264 Abs. 2 HGB, dass unter Beachtung der GoB kein den tatsächlichen Verhältnissen entsprechendes Bild über die Ertragslage vermittelt wird.[196] Allerdings stärkt das BilRUG den Grundsatz der Wesentlichkeit und den Grundsatz der wirtschaftlichen Betrachtungsweise, diese durch bisherige Vorschriften in das deutsche Recht unter Beachtung der GoB umgesetzt wurde.[197] In vielen strittigen Sachverhalten, z.B. was zu den Umsatzerlösen gehört und zu den sonst. betrieblichen Erträgen und unter welchen Voraussetzungen, müssen sich noch GoB entwickeln.[198]

V. Gesamtbetrachtung

Ziel der EU-RL ist der Bürokratieabbau und Entlastungen von kleinen Kapitalgesellschaften und kleiner Personenhandelsgesellschaften i.S.d. § 264a HGB[199], sowie eine Anpassung an die internationale Rechnungslegung, durch das Anstreben einer weltweiten einheitlichen Berichterstattung europäischer Unternehmen, wodurch die Richtlinie 2013/34/EU Regelungen zur Gleichwertigkeit gesetzlicher Berichtpflichten in Drittstaaten enthält.[200] Kritisch betrachtet wird dabei jedoch, dass durch die einschneidenden Änderungen ein erheblicher Umstellungsaufwand bei den Unternehmen entsteht. Insbesondere die Ausweitung der Umsatzerlöse wird in der Rechnungslegung kritisch betrachtet, da es zu keinem Mehrwert und zu einer Entfernung der IFRS-Vorschriften führt.[201] Die Umsatzerlöse werden durch die Aufgabe des Bezugs zur gewöhnlichen Geschäftstätigkeit und dem Wegfall der außerordentlichen Erträge und Aufwendungen ausgeweitet, das zu Lasten der sonstigen betrieblichen Erträge führt. Ein Widerspruch zu § 264 Abs. 2 HGB besteht dabei, dass unter Beachtung der GoB kein den tatsächlichen Verhältnissen entsprechendes Bild über die

---

[195] Vgl. *Zwirner*, BilRUG - Gesetze, Materialien, Kommentierung, S. 326.
[196] Vgl. *Haaker*, DStR 2015, S. 963.
[197] Vgl. *Zwirner*, BilRUG - Gesetze, Materialien, Kommentierung, S. 246.
[198] Vgl. Müller, BC 1/2016, S. 8.
[199] Vgl. *Kirsch*, DStR 2015, S. 664.
[200] Vgl. *Zwirner*, BilRUG - Gesetze, Materialien, Kommentierung, S. 247.
[201] Vgl. *Zwirner*, BilRUG - Gesetze, Materialien, Kommentierung, S. 320.

Ertragslage vermittelt wird.[202] Auch wird der Ausweis nicht einfacher, da dies auf eine komplexe Einzelfallentscheidung beruhen kann.[203] So hängt die Einstufung entscheidend an dem Geschäftsmodell gesteuerten Absatzprogramms ab. So sind Veräußerungen von Anlagevermögen keine Umsatzerlöse, sondern sonstige betriebliche Erträge, da eine gewisse Nähe zum Umlaufvermögen fehlt, aber bei einem dualen Geschäftsmodell schon.[204] Auch fallen die sonstigen betrieblichen Erträge nicht komplett weg, sondern umfassen weiterhin u.a. Erträge aus der Auflösung von Rückstellungen und Erlöse aus dem Verkauf des Anlagevermögens, jedoch nicht mehr die Posten die durch die Neudefinition den Umsatzerlösen zugeordnet werden.[205] Auch die bisherigen Begriffe Erzeugnisse und Waren gem. § 277 Abs. 1 HGB a.F. werden durch den weiter gefassten Begriff Produkt ersetzt.[206] Allerdings ist der Begriff Produkte nicht definiert.[207] Bei Dienstleistungen hängt der Ausweis bei den Umsatzerlösen davon ab, ob ein Leistungsaustausch vorliegt.[208] Sodass, wie auch bei Produkten, ein Spielraum besteht bei der Trennung von Umsatzerlösen und sonstigen betrieblichen Erträgen.[209] Auch der Abzug der Steuern hat Einfluss auf die Höhe des auszuweisenden Umsatzes, da manche Unternehmen, die umsatzabhängigen Steuern abziehen können und dadurch einen geringeren Umsatz ausweisen.[210] Entscheidend ist dabei ein enger Zusammenhang zwischen Entstehung der Steuer und Ausweis der Umsatzerlöse.[211] Daraus ergibt sich eine Auslegung wie weit der zeitliche Zusammenhang ist und auch eine unterschiedliche Bewertung von einzelnen Branchen.[212] Des Weiteren ändert sich der Ausweis in der GuV, da die außerordentlichen Erträge nicht mehr ausweispflichtig sind.[213]

E.   Auswirkungen der Neuerungen

Bei den Umsatzerlösen handelt es sich um eine Kennzahl mit herausragender Bedeutung zur Einordnung eines Unternehmens. Die Umsatzerlöse dienen nicht nur der Größenklassifizierung der § 267 Abs. 1-3 HGB, sondern dienen auch als Vergleichsgröße innerhalb der Brache des Unternehmens. Des Weiteren dienen sie zur Einschätzung der gegenwärtigen und zukünftigen Ertragslage. Auch sind die Umsatzerlöse Bestandteil in einer

---

[202] Vgl. *Haaker*, DStR 2015, S. 963.
[203] Vgl. *Zwirner*, BilRUG - Gesetze, Materialien, Kommentierung, S. 471-472.
[204] Vgl. *Zwirner*, BilRUG - Gesetze, Materialien, Kommentierung, S. 474-475
[205] Vgl. *Müller*, Bilanz+Buchhaltung, 12/2015, S. 24.
[206] Vgl. *Zwirner*, BilRUG - Gesetze, Materialien, Kommentierung, S. 472.
[207] Vgl. *Hendricks*, BilRUG für Praktiker, S. 62.
[208] Vgl. *Zwirner*, BilRUG - Gesetze, Materialien, Kommentierung, S. 476.
[209] Vgl. *Zwirner*, BilRUG - Gesetze, Materialien, Kommentierung, S. 472.
[210] Vgl. *Müller*, Bilanz+Buchhaltung, 12/2015, S. 27 ; vgl. *Baumann*, BilRUG – Auswirkungen auf das deutsche Bilanzrecht, Rn. 108.
[211] Vgl. *Zwirner*, BilRUG - Gesetze, Materialien, Kommentierung, S. 479.
[212] Vgl. *Zwirner*, BilRUG - Gesetze, Materialien, Kommentierung, S. 483-484.
[213] Vgl. Müller, BC, 1/2016, S. 8.

großen Anzahl von finanzmathematischer Kennzahlen und Bewertungen.[214] Die Neuerungen durch das BilRUG führen zu keinem anderen Ergebnis des Jahresabschlusses, allerdings führt es zu einer veränderten Darstellung der Vermögens- und Ertragslage und einem Anstieg der Umsatzerlöse und damit zu Veränderungen bestimmter Kennzahlen. Aber nicht nur die betrieblichen Kennzahlen sind betroffen, sondern auch Verträge, insbesondere Financial Covernants, bei denen ein Zusammenhang mit vereinbarten Kennzahlen besteht. Auch sind durch die Änderungen durch das BilRUG die Angabepflichten in Bezug auf die Umsatzerlöse im Anhang anzugeben, sowie die Beurteilung im Lagebericht muss an die Änderungen angepasst werden.[215] Auch wurden die Schwellenwerte der Größenklassifizierungen erhöht, um die Gesellschaften zu entlasten. Die Erhöhungen betreffen insbesondere kleine und mittelgroße Kapitalgesellschaften, allerdings kann dies bei rückwirkender Anwendung zu Problemen führen[216] und die ausgeweitete Definition der Umsatzerlöse i.S.d. § 277 Abs. 1 HGB n.F. ist zu beachten.[217] Eine weitere Auswirkung der Neuerungen kann sich im Rating ergeben, wenn sich durch die Erstanwendung falsche Erkenntnisse und Fehlinterpretationen ergeben.[218] Auch ergeben sich Auswirkungen auf die Kosten- und Leistungsrechnungen.[219]

I.   Rating

Das Rating sagt etwas über die zukünftige Fähigkeit eines Schuldners aus, ob dieser in der Lage ist seine Verbindlichkeiten in voller Höhe und fristgerecht begleichen zu können. Somit ist es eine Beurteilung der Bonität und des Ausfallrisikos.[220] Daher hat das Rating eine zentrale Bedeutung für die Unternehmen, da das Rating das Kriterium zur Bonitätseinstufung eines Kreditnehmers ist, die den risikoangemessenen Zinssatz für den Kreditnehmer bestimmt.[221] Das interne Rating verläuft nach einem Schema, bei der die Art der erhobenen Informationen in quantitative und qualitative Daten eingeteilt wird. Zu den quantitativen Daten gehören Planzahlen, Branchenzahlen, Bilanzzahlen und Kennzahlen, die aus der Bilanz gewonnen werden können wie u.a. die Eigenkapitalrentabilität und Kapitalstruktur. Unter den qualitativen Daten fallen u.a. Informationen über Produkte und Prozesse in der Fertigung, die Marktstellung des Unternehmens und die Fähigkeiten des Managements. Diese Daten werden im Rahmen des Ratingprozesses ausgewertet und zu einem Urteil komprimiert. Der

---

[214] Vgl. *Kessler/Freisleben*, MüKo zum Bilanzrecht, § 277 HGB, Rn. 4.
[215] Vgl. *Zwirner*, BilRUG - Gesetze, Materialien, Kommentierung, S. 487-488.
[216] Vgl. *Krimpmann/Lorson/Müller*, Controller Magazin, Januar/Februar, S. 24.
[217] Vgl. *Zwirner*, BilRUG - Gesetze, Materialien, Kommentierung, S. 435.
[218] Vgl. *Zwirner*, BilRUG - Gesetze, Materialien, Kommentierung, S. 489.
[219] Vgl. *Krimpmann/Lorson/Müller*, Controller Magazin, Januar/Februar, S. 23.
[220] Vgl. *Lüdicke*, Risikomanagement und Rating, S. 66-67.
[221] Vgl. *Lüdicke*, Risikomanagement und Rating, S. 65.

Ratingprozess kann sich in zwei Schritte, in Bewertungsvorbereitung (Nr. 1-3) und in die Bewertungsdurchführung (Nr. 4-7), zusammengefasst werden[222]:

1. Ermittlung der Zielstruktur
2. Bestimmung der Risikoparameter und Beurteilungskriterien
3. Ermittlung von Gewichtungen und Aggregationsvorschriften
4. Prognose der zukünftigen Entwicklung der Parameter
5. Zuordnung von Punktwerten für verschiedene Parameterausprägungen
6. Explizite Gewichtung der Kriterien
7. Verknüpfung der Einzelkriterien zu einem Ratingurteil anhand einer Aggregationsregel[223]

Aus diesem Grund kann eine Analyse von Jahresabschlüssen nützliche Informationen hervorheben zur Unternehmensanalyse. Die Auswertung mit Hilfe von Kennzahlen auf Grundlage des Jahresabschlusses wird als Bilanzanalyse bezeichnet. Die Bilanzanalyse wird u.a. bei der Kreditwürdigkeitsprüfung angewendet. Ziel der Bilanzanalyse ist es eine möglichst genaue Abbildung der Ertrags-, Finanz-, und Vermögenslage des Unternehmens darzustellen, sowie sollen damit Erkenntnisse über die zukünftige finanzielle Stabilität und Ertragserwartungen aus der Vergangenheit abgeleitet werden. Dadurch werden Kreditvergabeentscheidungen vereinfacht und verkürzt.[224] Jedoch führt die Neudefinition der Umsatzerlöse i.S.d. § 277 Abs. 1, wenn die Umsatzerlöse steigen in der GuV und c.p. zu einem Absinken der Umsatzrentabilität.[225] Jedoch ist es auch möglich, dass die Umsatzerlöse sinken durch den Abzug verbundener Steuern, sodass die Umsatzrentabilität steigen wird, wobei dies eine Ausnahme sein wird.[226]

II.   Kosten- und Leistungsrechnung

Es werden durch die einhergehenden Erleichterungen durch das BilRUG Selbstinformationen aus dem Jahresabschluss erschwert, wodurch empfohlen wird, dies durch interne Rechnungen und einer internen Erstellung eines Lageberichts und einer Darstellung einer Risiken- und Chancen-Analyse zu kompensieren.[227] Insbesondere, da sich die Rechtsprechung zur Insolvenzverschleppung verschärft hat, kann dies das Haftungspotenzial bei Geschäftsführern

---

[222] Vgl. *Lüdicke*, Risikomanagement und Rating, S. 83.
[223] *Lüdicke*, Risikomanagement und Rating, S. 83.
[224] *Schöne*, Risikomanagement und Rating, S. 129.
[225] Vgl. *Zwirner*, BilRUG - Gesetze, Materialien, Kommentierung, S. 489 ; vgl. *Baumann*, BilRUG- Auswirkungen auf das deutsche Bilanzrecht, Rn. 109.
[226] Vgl. *Baumann*, BilRUG- Auswirkungen auf das deutsche Bilanzrecht, Rn. 108-109.
[227] Vgl. *Krimpmann/Lorson/Müller*, Controller Magazin, Januar/Februar, S. 24.

und dem Vorstand verstärken.[228] Des Weiteren sind Abweichungen in der Gewinnschwellenanalyse möglich.[229]

III. Änderung der Größenklassifizierung

Die Schwellenwerte zur Größenklassifizierung wurden der maximalen Höhe der EU-Vorgaben entsprechend angehoben. Wodurch sich insbesondere für kleine und mittelgroße Gesellschaften Entlastungen ergeben. So geht der Gesetzgeber davon aus, dass durch die Anhebung etwa 7.000 bisher mittelgroße Kapitalgesellschaften als klein und etwa 300 bisher große Kapitalgesellschaften als mittelgroß einzustufen sind.[230] Durch den Wegfall von größenabhängigen Vorgaben besteht ein Entlastung von etwa 119 Mio. € bei denen etwa 2,4 Mio. € Umstellungsaufwendungen gegenüber stehen. Weiterhin sollen die Kapitalgesellschaften um rund 115 Mio. € entlastet werden durch die Änderung der Rechnungslegung, davon sind etwa 120.000 kleine Kapitalgesellschaften betroffen, die etwa 1,6 Mio. € einsparen, jedoch fallen hohe Kosten i.h.v. etwa 9,5 Mio. € an, um Prozesse anzupassen.[231] Mit der Änderung werden die relevanten Werte bei kleinen Kapitalgesellschaften i.S.d. § 267 Abs. 1 HGB n.F. im Vergleich zu den Werten vor BilRUG um ca. 24% angehoben und bei mittelgroßen Kapitalgesellschaften liegt eine Anhebung i.h.v. ca. 4% vor.[232] Auch soll dies zu einer Vereinheitlichung innerhalb des EU-Binnenmarktes führen.[233] Die Vorschriften des § 267 Abs. 4 HGB müssen weiterhin beachtet werden, dass die Daten von zwei aufeinanderfolgenden Geschäftsjahren maßgebend sind zur Einordnung.[234]

	Größenklassen							
	Kleinst		Klein		Mittel		Groß	
	bisher	BilRUG	bisher	BilRUG	bisher	BilRUG	bisher	BilRUG
Bilanzsumme in Mio. €	0,35	0,35	4,84	6,0	19,25	20,0	>19,25	>20
Umsatz in Mio. €	0,7	0,7	9,68	12,0	38,5	40,0	>38,50	>40
Mitarbeiter	10	10	50	50	250	250	>250	>250

---

[228] Vgl. *Krimpmann/Lorson/Müller*, Controller Magazin, Januar/Februar, S. 24 ; BGH, Urteil vom 24.05.205 – IX ZR 123/04 ; vgl. DB 2005, S. 1787-1791.
[229] Vgl. *Schult/Brösel*, Bilanzanalyse, S. 166-167.
[230] Vgl. *Zwirner*, BilRUG - Gesetze, Materialien, Kommentierung, S. 428 ; vgl. Begr. RegE vom 20.02.2015, BT-Druck 18/4050, S. 55.
[231] Vgl. *Zwirner*, BilRUG - Gesetze, Materialien, Kommentierung, S. 314-315.
[232] Vgl. *Zwirner*, BilRUG - Gesetze, Materialien, Kommentierung, S. 428 ; vgl. Begr. RegE vom 20.02.2015, BT-Druck 18/4050, S. 55.
[233] Vgl. *Zwirner*, BilRUG - Gesetze, Materialien, Kommentierung, S. 314.
[234] Vgl. *Zwirner*, BilRUG - Gesetze, Materialien, Kommentierung, S. 428-429.

Abb. 11: Vergleich der Schwellenwerte der jeweiligen Größenklassen vor und nach BilRUG[235]

Bei Kapitalgesellschaften die bisher als mittelgroß eingestuft wurden und künftig als klein gelten entfällt die Verpflichtung zur Erstellung eines Lageberichts auch profitieren künftige kleine Kapitalgesellschaften durch einige Anhangerleichterungen sowie fällt die Pflicht zur Prüfung des Jahresabschlusses gem. § 316 Abs. 1 Satz 1 HGB weg. Künftige mittelgroße Kapitalgesellschaften profitieren von Anhangerleichterungen und von größenabhängigen Erleichterungen gem. § 276 HGB.[236] Damit entsteht den Kapitalgesellschaften eine erhebliche Kosteneinsparung und Erleichterung durch Bürokratieabbau bei der Erstellung des Jahresabschlusses.[237] Allerdings haben große Kapitalgesellschaften keine Erleichterung, sondern haben künftig mehr Angaben im Anhang zu machen.[238] Die Entlastungen sollen auch so früh wie möglich weitergegeben werden, was Ziel der Richtlinie ist. Das heißt, dass bei der Einstufung der Gesellschaften Jahresabschlüsse nach dem 31.12.2013 angewendet werden können[239], solange der Jahresabschluss für das Jahr 2014 noch offen ist.[240] Ansonsten bei keiner vorzeitigen Anwendung sind die Vorschriften ab 31.12.2015 anzuwenden.[241]

	Kleine Kapitalgesellschaft i.S.d. § 267 Abs. 1 HGB	Mittelgroße Kapitalgesellschaft i.S.d. § 267 Abs. 2 HGB	Große Kapitalgesellschaft i.S.d. 267 Abs. 3 HGB
Bilanzgliederung	Erleichterungen, verkürzte Bilanz nach § 266 Abs. 1 Satz 3 HGB	Keine Erleichterungen	Keine Erleichterungen
GuV-Gliederung	Darstellung des Rohergebnisses nach § 276 Abs. 1 Satz 1 HGB	Darstellung des Rohergebnisses nach § 276 Abs. 1 Satz 1 HGB	Keine Erleichterungen
Anhangangaben	Umfassende Erleichterungen nach § 288 Abs. 1 HGB	Erleichterungen nach § 288 Abs. 2 HGB	Keine Erleichterungen
Lagebericht	Muss nicht aufgestellt werden	Keine Erleichterungen	Keine Erleichterungen
Prüfungspflicht nach	Nein	Ja	Ja

[235] Vgl. *Müller/Lange/Kreipl*, Bilanz+Buchhaltung, 10/2014, S. 22 ; vgl. *Müller*, Bilanz+Buchhaltung, 12/2015, S. 24.
[236] Vgl. *Zwirner*, BilRUG - Gesetze, Materialien, Kommentierung, S. 429.
[237] Vgl. *Zwirner*, BilRUG - Gesetze, Materialien, Kommentierung, S. 429 ; vgl. *Zwirner*, BilRUG - Gesetze, Materialien, Kommentierung, S. 313.
[238] Vgl. Vgl. *Zwirner*, BilRUG - Gesetze, Materialien, Kommentierung, S. 313.
[239] Vgl. *Zwirner*, BilRUG - Gesetze, Materialien, Kommentierung, S. 268 ; vgl.
[240] Vgl. *Zwirner*, BilRUG - Gesetze, Materialien, Kommentierung, S. 431.
[241] Vgl. *Zwirner*, BilRUG - Gesetze, Materialien, Kommentierung, S. 435.

§§ 316 ff. HGB			
Offenlegung	Erleichterungen nach § 326 Abs. 1 HGB (Offenlegung von Bilanz und Anhang ohne GuV-Angaben im Anhang	Erleichterungen nach § 327 HGB (Erleichterungen bei Bilanzgliederung und Anhang)	Keine Erleichterungen

Abb. 12: Erleichterungen mit der einhergehenden Größenklasseneinordnung[242]

Für die Aufstellung der Jahresabschlüsse zu früheren Abschlussstichtagen wird weiterhin mit den bisherigen Merkmalen die Klassifizierung vorgenommen. Jedoch wird die vorgezogene Anwendung der erhöhten Schwellenwerte nur in Kombination mit der Verwendung der Neudefinition der Umsatzerlöse gem. § 277 Abs. 1 HGB ermöglicht. Begründet wird dies damit, dass die Änderungen zur Vereinfachung der Rechnungslegung am einem Stichtag erfolgen soll, sonst würden zu Beginn stark schwankende Einordnungen in der Größenklassifikationen drohen. Auch wurde bedacht, dass durch die Ausweitung der Umsatzerlöse die Schwellenwerte der Größenklassen berücksichtigt werden müssen.[243] Auch sollen dadurch Jahresabschlüsse auf europäischer Ebene vergleichbarer werden.[244] Kritisch wird betrachtet, dass durch die Erweiterung der Umsatzerlöse insbesondere der Ausweis der Einnahmen aus dem Verkauf von Anlagevermögen in die Umsatzerlösen bei Unternehmen mit dualem Geschäftsmodell, die Umsatzerlöse erhöhen kann und eine Überschreitung der Schwellenwerte drohen kann, wodurch die Erleichterungen hinfällig wären.[245] Andere Unternehmen werden von den Erleichterungen nicht profieren können, auf Grund der vergleichsweise hohen nicht betriebstypischen Erlösen und andere Unternehmen profitieren durch den Abzug der sonstigen direkt mit dem Umsatz verbundenen Steuern auf eine niedrigere Größenklassifizierung. Daraus folgt, dass ein Abbau von Belastungen kleiner und mittelgroßer Kapitalgesellschaften, was Zweck des BilRUGs ist, nicht sicher ist.[246]

IV. Anhangangaben

Die einhergehenden Änderungen durch das BilRUG haben Auswirkungen bei den Anhangangaben. So wurden die Anhangangaben nach § 285 Nr. 4 HGB an die Neudefinition des § 277 Abs. 1 HGB angepasst, d.h. der Bezug zur gewöhnlichen Geschäftstätigkeit entfällt

---

[242] *Zwirner*, BilRUG - Gesetze, Materialien, Kommentierung, S. 429-430.
[243] Vgl. *Zwirner*, BilRUG - Gesetze, Materialien, Kommentierung, S. 269 ; vgl. *Zwirner*, BilRUG - Gesetze, Materialien, Kommentierung, S. 435.
[244] Vgl. *Zwirner*, BilRUG - Gesetze, Materialien, Kommentierung, S. 313.
[245] Vgl. *Hendricks*, BilRUG für Praktiker, S. 61.
[246] Vgl. *Baumann*, BilRUG – Auswirkungen auf das deutsche Bilanzrecht, Rn. 108.

und die Umsatzerlöse sind nach den Tätigkeitsbereichen und geographisch bestimmten Märkten anzugeben. Dementsprechend entfällt die Anhangangabe, wenn ein Unternehmen alle Umsatzerlöse in einem Tätigkeitsbereich und in einer geographischen Region erwirtschaftet. Durch die Ausweitung der Umsatzerlöse weiten sich auch die Berichtspflichten zu den Umsatzerlösen im Anhang aus. Des Weiteren wurden zusätzlich die Nr. 30-34 in § 285 HGB hinzugefügt. So sind außergewöhnliche Umsatzerlöse, d.h. in außerordentlichen Größe oder Bedeutung, gesondert im Anhang nach § 285 Nr. 31 HGB zu erläutern.[247] Auch ist die Erläuterungspflicht der außerordentlichen Erträge und Aufwendungen weggefallen, jedoch müssen aperiodische Erträge und Aufwendungen, die von wesentlicher Bedeutung sind, gem. § 285 Nr. 32 HGB ausgewiesen und erläutert werden. Oftmals entstehen aperiodische Erträge und Aufwendungen, aufgrund von Fehleinschätzungen in der Vergangenheit. Zu den aperiodischen Aufwendungen und Erträge gehören Zuschreibungen, Abschreibungsnachholungen, Auflösung von Rückstellungen und Steuernachzahlungen bzw. –erstattungen. Diese werden in der GuV unter dem jeweiligen entsprechenden Posten ausgewiesen. Durch die Erläuterungen wird die Vermögens-, Ertrags- und Finanzlage der tatsächlichen Lage dargestellt, da sich die Geschäftsjahre besser vergleichen lassen, wenn Erträge und Aufwendungen schwanken und um bereinigte Leistungen des aktuellen Geschäftsjahres zu erkennen. Jedoch ist nach dem Wortlaut des § 285 Nr. 32 HGB nicht zu entnehmen, wann Erträge und Aufwendungen von bedeutender Größe sind. Jedoch geht die Meinung in den Kommentaren davon aus, dass nicht von untergeordneter Bedeutung bereits bei einem Ausweis unterhalb der Wesentlichkeitsgrenze erforderlich ist. Die Regelung nach § 285 Nr. 32 HGB entspricht § 277 Abs. 4 Satz 3 HGB a.F., die im Rahmen des BilRUG weggefallen ist, wovon kleine Kapitalgesellschaften von den Erläuterungspflichten gem. §§ 288 Abs. 1 i.V.m. § 285 Nr. 32 HGB entlastet wurden.[248] Der Wegfall des § 277 Abs. 4 HGB a.F. beruht auf die Änderungen der Streichungen der Anpassungen in § 275 HGB und der Ausweitung der Umsatzerlöse.[249] Die Erleichterung von kleinen Kapitalgesellschaften gilt jedoch nicht für einzelne Ertragsposten von außergewöhnlicher Größenordnung (Umfang) oder Bedeutung (Art) gem. §§ 285 Nr. 31 i.V.m. § 288 Abs. 1 HGB. Dadurch wurden die Erläuterungspflichten erweitert von bisher außerordentlichen zu außergewöhnlichen Sachverhalten.[250] Die betroffenen Posten sind im

---

[247] Vgl. *Zwirner*, BilRUG - Gesetze, Materialien, Kommentierung, S. 486-487.
[248] Vgl. *Hendricks*, BilRUG für Praktiker, S. 52-53 ; vgl. *Zwirner*, BilRUG - Gesetze, Materialien, Kommentierung, S. 490.
[249] Vgl. *Zwirner*, BilRUG - Gesetze, Materialien, Kommentierung, S. 490.
[250] Vgl. *Zwirner*, BilRUG - Gesetze, Materialien, Kommentierung, S. 490 ; vgl. *Schmidt / Rosarius*, Bilanz+Buchhaltung, 10/2015, S. 24.

Anhang einzeln darzustellen, eine Angabe des Gesamtbetrags wie bisher ist somit nicht mehr möglich.[251] Des Weiteren muss bei der Erstanwendung der Regelungen nach BilRUG auf die erhöhten Umsatzerlöse hingewiesen werden, da die Umsatzerlöse nicht mehr vergleichbar sind. Zusätzlich muss bei Erstanwendung auf die Einordnung der Größenklassifizierung gem. §§ 267, 267a Abs. 1 HGB n.F. und der größenabhängigen Befreiungen nach § 293 HGB n.F. bei Konzernabschlüssen hingewiesen werden.[252] Auch müssen die gem. § Art. 75 Abs. 2 Satz 3 EGHGB Umsatzerlöse aus dem vorherigen Geschäftsjahr erläutert werden und rückwirkend neu berechnet werden, der sich aus der Anwendung von § 277 Abs. 1 HGB n.F. ergeben haben würden.[253] Die Aufhebung von § 285 Nr. 6 HGB ist eine Folgeänderung durch den Wegfall der außerordentlichen Erträge und der gewöhnlichen Geschäftätigkeit.[254]

V.   Angaben im Lagebericht

Durch das BilRUG hat § 289 HGB erstmals eine amtliche Überschrift mit dem Titel „Inhalt des Lageberichts" erhalten.[255] Die Änderungen durch das BilRUG betreffen den Lagebericht für den Jahresabschluss von 2015. Dabei ist über die zukünftige Lage des Unternehmens eine Prognose zu erstellen. Oftmals werden in dem Lagebericht Angaben über die zu erwartenden Umsatzerlöse des nächsten Geschäftsjahres gemacht, die durch die Umsatzerweiterung ab dem Geschäftsjahr 2016 erhöht werden. Aus diesem Grund muss differenziert werden, ob die Lage des Unternehmens sich verbessert hat durch die Ausweitung der Umsatzerlöse oder durch eine Umsatzerlöszunahme operativ bedingt.[256] Des Weiteren wurde aus der Soll-Vorschrift des § 289 Abs. 2 HGB eine Muss-Vorschrift, dadurch ergibt sich lediglich eine Klarstellung, da bisher davon ausgegangen war, dass diese Angaben stets zu machen waren und bei Vorliegen der jeweiligen Umstände dies von Bedeutung ist zur Vermittlung eines den tatsächlichen Verhältnissen entsprechenden Bildes der Lage. Auch wurde der sog. Nachtragsbericht gem. § 289 Abs. 2 Nr. 1 HGB a.F. durch die Art. 17 Abs. 1 Buchstabe q der EU-RL 2013/34/EU gestrichen, der künftig eine Anhangangabe zur Art und finanziellen Auswirkung von wesentlichen Ereignissen nach dem Bilanzstichtag, die nicht mehr in der Bilanz oder GuV berücksichtigt wurden. Durch die Streichung des Nachtragsberichts werden somit Doppelangaben vermieden und die Informationen sind künftig im Anhang gem. § 285 Nr. 33 HGB   zu finden. Jedoch wird die Streichung des Nachtragsberichts und die

---

[251] Vgl. *Schmidt / Rosarius*, Bilanz+Buchhaltung, 10/2015, S. 24.
[252] Vgl. *Schmidt / Rosarius*, Bilanz+Buchhaltung, 10/2015, S. 22.
[253] Vgl. *Krimpmann/Lorson/Müller*, Controller Magazin, Januar/Februar, S. 25.
[254] Vgl. *Zwirner*, BilRUG - Gesetze, Materialien, Kommentierung, S. 276.
[255] Vgl. *Zwirner*, BilRUG - Gesetze, Materialien, Kommentierung, S. 537.
[256] Vgl. *Zwirner*, BilRUG - Gesetze, Materialien, Kommentierung, S. 489.

Überführung in den Anhang kritisch gesehen, da dadurch das Bild von der Lage des Unternehmens, was Zweck des Lageberichts ist, unvollständig.[257]

VI. Auswirkungen auf betriebliche Kennzahlen

Durch die Änderungen ändert sich zwar nicht die Höhe des Jahresergebnisses, jedoch ergeben sich Auswirkungen auf betriebliche Kennzahlen durch die Neudefinition der Umsatzerlöse.[258] Zu den Kennzahlen gehören insbesondere diejenigen bei denjenigen die die Umsatzerlöse miteinbegriffen haben.[259] So lautet die Formel der Umsatzrendite:

$$\text{Umsatzrendite:} \quad \frac{\text{Jahresüberschuss}}{\text{Umsatz}} \times 100$$

Die Umsatzrendite sagt aus, wie groß der betriebliche Gewinnanteil im Verhältnis zu den Umsatzerlösen steht. Es gibt zwei Abgrenzungen der Umsatzrendite, die Umsatzrendite nach Zinsen besagt, welcher Anteil des Umsatzes als Gewinn zur Verfügung steht und die Umsatzrendite vor Zinsen, die sog. EBIT-Marge, sagt aus, welche Marktposition das Unternehmen im Branchenvergleich.[260] Die Schlussfolgerung ist, wenn die Umsatzerlöse im Nenner steigen durch die Ausweitung der Umsatzerlöse, dann wird die Umsatzrendite sinken bzw. sinken die Umsatzerlöse durch den Abzug der direkt verbundenen Steuern, dann wird die Umsatzrendite steigen.[261] Eine weitere Kennzahl ist der ROI bzw. Gesamtkapitalrentabilität, dieser sagt etwas darüber aus in welchem Ausmaß die beiden Bestandteile Kapitalumschlagshäufigkeit und Umsatzrentabilität für die veränderte Gesamtkapitalrentabilität verantwortlich sind.

$$\text{Return on Investment:} \quad \frac{\text{Jahresüberschuss}}{\text{Umsatz}} \times \frac{\text{Umsatz}}{\text{Gesamtkapital}} \times 100$$

Daraus ergibt sich die Möglichkeit, dass sich die Gesamtkapitalrentabilität verschlechtert haben könnte, in dem sich die Umsatzrentabilität oder sich die Kapitalumschlagshäufigkeit verschlechtert hat. Daraus ergibt sich im Umkehrschluss, wenn sich die Umsatzerlöse erhöhen durch BilRUG, dass dann sich die Gesamtkapitalrentabilität erhöhen wird.[262] Ebenfalls von Bedeutung ist die indirekte Cash Flow-Ermittlung, die aus dem Jahresabschluss abgeleitet wird. Dabei wird auf die Umsatzerlöse aus der GuV-Rechnung zurückgegriffen und wenn die Umsatzerlöse erweitert werden, dann wird das Bild der Finanzkraft, dass durch den Cash

---

[257] Vgl. *Zwirner*, BilRUG - Gesetze, Materialien, Kommentierung, S. 538.
[258] Vgl. *Zwirner*, DB 2015, Beilage 06 zu Heft Nr. 48, S. 27.
[259] Vgl. *Zwirner*, DB 2015, Beilage 06 zu Heft Nr. 48, S. 27-28.
[260] Vgl. *Gleißner / Füser*, Praxishandbuch Rating und Finanzierung, S. 161.
[261] Vgl. *Baumann*, BilRUG – Auswirkungen auf das deutsche Bilanzrecht, Rn. 108-109.
[262] Vgl. *Bieg / Kußmaul / Waschbusch*, Externes Rechnungswesen, S. 373-374.

Flow vermittelt wird, verwässert.[263] Des Weiteren sind leistungswirtschaftliche Kennzahlen betroffen, darunter gehören u.a. die Umschlagshäufigkeit des Lagerbestands, durchschnittliche Lagerdauer, die Lagerquote, Umsatz pro Mitarbeiter, Vertriebsintensität, Lohnquote und Umsatz F&E pro F&E Mitarbeiter.[264] Auch Kennzahlen werden betroffen sein, die nicht direkt mit den Umsatzerlösen im Verhältnis stehen, da auch das EBIT sich verändern kann und das EBIT als Bezugsgröße anderer Kennzahlen steht, kann dies zu weitreichenden Änderungen der Kennzahlen nach BilRUG kommen und eventuell zu fehlerhaften Auswertungen der Kennzahlen haben.[265]

VII. Umsatzbezogene Vereinbarungen

Durch die Ausweitung der Umsatzerlöse in Folge des Wegfalls zum Bezug zur gewöhnlichen Geschäftstätigkeit und die Erweiterung auf Produkte und Dienstleistungen entsteht eine Verschiebung zu Lasten der sonst. betrieblichen Erträgen.[266] In diesem Zusammenhang sollten Verträge die umsatzbezogen sind wie z.B. Vergütungsvereinbarungen, Pachtverträge, Tantieme oder Financial Covenants bezüglich der vereinbarten Kennzahlen angepasst werden.[267] Financial Covenants sind bestimmte Klauseln bei Kreditverträgen, bei denen der Kreditnehmer während der Laufzeit des Kredits verbindliche Zusicherungen von Finanzkennzahlen oder sonstigen Kennzahlen einhalten muss. Dazu gehören u.a. die Gesamtkapitalrentabilität bzw. ROI, die Zinslastquote und der Cash-Flow. Es kann durch Zinsänderungsklauseln zu Veränderungen des Zinssatzes kommen, die von der Bonität des Unternehmens abhängig sind. Sodass ratingbedingt, der Kredit teurer wird. Bei nicht Einhaltung der Zusicherungen erhält der Kreditnehmer die Möglichkeit durch eine sog. Heilungsperiode diese zu beheben bzw. die Einhaltung zuzusichern, bei weiteren Verstößen steigt der Kreditzinssatz, weitere Sicherheiten müssen bereitgestellt werden und ggf. besteht eine außerordentliche Kündigung.[268] Die Kennzahlen können sich automatisch durch das BilRUG verändern. Dies gilt auch für Tantieme, und Vergütungsvereinbarungen, bei denen vertraglich vereinbart wurde, dass durch erreichen einer bestimmten Kennzahl oder Umsatzhöhe Bonuszahlungen gezahlt werden.[269] Bei Pachtverträgen und auch

---

[263] Vgl. *Wöhe*, Einführung in die allgemeine Betriebswirtschaftslehre, S. 651-652.
[264] Vgl. *Bestmann*, Betriebswirtschaftliche Formelsammlung – kommentierte Kennzahlen, S. 35-79.
[265] Vgl. *Bestmann*, Betriebswirtschaftliche Formelsammlung – kommentierte Kennzahlen, S. 35-79 ; vgl. *Zwirner*, DB 2015, Beilage 06 zu Heft Nr. 48, S. 27 ; vgl. *Gleißner/Füser*, Praxishandbuch Rating und Finanzierung, S. 166.
[266] Vgl. *Zwirner*, BilRUG - Gesetze, Materialien, Kommentierung, S. 485.
[267] Vgl. *Zwirner*, DB 2015, Beilage 06 zu Heft Nr. 48, S. 27.
[268] Vgl. *Lützenrath/Schröer*, Kredit & Rating Praxis, 05/2001, S. 19-21.
[269] Vgl. *Zwirner*, DB 2015, Beilage 06 zu Heft Nr. 48, S. 27.

Franchiseverträgen können die Pachtzinsen bzw. die Franchisegebühr an den Verpächter und dem Franchisegeber ansteigen, wenn diese umsatzabhängig sind.[270] Dies gilt ebenfalls für IHK-Beiträge und anderen gleichartigen Beiträgen.[271]

VIII.   Gesamtbetrachtung

Durch den Ausweis der Erlöse, die nicht geschäftstypisch sind wird die Abschlussanalyse erschwert, da kurzfristige Entwicklungen in den Umsatzerlösen miteinberechnet sind und diese schwer von der operativen Umsatzentwicklung zu trennen ist. Aus diesem Grund werden in § 285 Nr. 31 HGB einzelne Erträge von außerordentlichen Größenordnung oder außergewöhnlicher Bedeutung im Anhang angegeben. Ob dies das Problem der erschwerten Abschlussanalyse beseitigt, wird sich noch in der Praxis zeigen. Dadurch, dass sich die Umsatzerlöse je nach Branche verändern und unterschiedlich sind, ist ein Vergleich von Kennziffern unternehmensübergreifend nicht mehr so möglich und der Jahresabschluss verliert dabei an Aussagekraft.[272] Des Weiteren sind entscheidende Kennzahlen betroffen wie die Renditekennzahlen, die entscheidend für externe Adressaten sind, sowie Kennzahlen, die den Branchenvergleich erschweren können. Auch sollten Vereinbarungen wie Vergütungsmodelle die umsatzabhängig sind, angepasst werden, wenn diese sich durch die Ausweitung der Umsatzerlöse tangieren.[273]

F.   Überprüfung der Auswirkungen an Beispielfällen

I.   Ziel der Untersuchung

Das Ziel der Untersuchung ist es die Auswirkungen durch das BilRUG anhand von Beispielfällen zu überprüfen. Dabei werden die Kennzahlen die im Zusammenhang mit den Umsatzerlösen stehen verglichen und untersucht inwiefern sich durch das BilRUG Veränderungen ergeben und bezüglich des internen Ratings im Rahmen einer Bilanzanalyse analysiert.

II.   Vergleich der Kennzahlen vor und nach dem BilRUG

Die ABC-GmbH eine in der IT-Branche tätige Kapitalgesellschaft und weißt in der GuV von 2015 Umsatzerlöse i.H.v. 6,2 Mio. € aus und erwirtschaftete einen Jahresüberschuss in 2015

---

[270] Vgl. *Richardi*, Münchener Handbuch zum Arbeitsrecht, § 17, Rn. 67 ; vgl. *Schlinker*, Beck-Online Großkommentar, § 581 BGB, Rn. 93.
[271] Vgl. *Müller*, Antworten auf die häufigsten Fragen (Teil 1), Bilanz+Buchhaltung, Ausgabe 12/2015, S. 27.
[272] Vgl. *Baumann*, BilRUG – Auswirkungen auf das deutsche Bilanzrecht, Rn. 107-109.
[273] Vgl. Vgl. *Haaker*, DStR 2015, S. 963 ; vgl. *Zwirner*, DB 2015, Beilage 06 zu Heft Nr. 48, S. 27.

von 140.000€. Unter den sonst. betrieblichen Erträgen werden 370.000€ ausgewiesen. Die Gesellschaft hat folgende sonst. betriebliche Erlöse auszuweisen die künftig unter den Umsatzerlösen auszuweisen wären: Erlöse aus der Betriebskantine und Verkauf von Überbeständen von Roh-, Hilfs- und Betriebsstoffen i.h.v. 130.000€. Künftig müssten beide Erlöse, die vorher in den sonst. betrieblichen Erlösen ausgewiesen worden sind, in den Posten Umsatzerlöse ausgewiesen werden. Sodass, der Wert der Umsatzerlöse bei 6,33 Mio. € angehoben wurde und die sonst. betrieblichen Erträge verringert wurden auf 240.000€. Durch diese Verschiebung ergeben sich folgende Änderungen bei folgenden Kennzahlen im Vorher-Nachher-Vergleich (c.p.):

Umsatzrendite:

Vor BilRUG: $\frac{140.000€}{6.200.000€} \times 100 = 2{,}26\%$

Nach BilRUG: $\frac{140.000€}{6.330.000€} \times 100 = 2{,}21\%$

Veränderung des EBIT[274]:

Vor BilRUG (2015)		Nach BilRUG (2016)	
Umsatzerlöse	6.200.000€	Umsatzerlöse	6.330.000
+ Sonst. betriebliche Erträge	370.000€	+ Sonst. betriebliche Erträge	240.000€
- Sonst. betriebliche Aufwendungen	60.000€	- Sonst. betriebliche Aufwendungen	90.000€
EBIT	6.510.000€	EBIT	6.480.000€

Return on Investment:

Vor BilRUG: $\frac{140.000€}{6.200.000€} \times \frac{6.200.000}{7.250.000} \times 100 = 1{,}93103489\%$

Nach BilRUG: $\frac{140.000€}{6.330.000} \times \frac{6.330.000}{7.250.000} \times 100 = 1{,}93103417\%$

Anteil kurzfristiger Verbindlichkeiten: [275]

$$\frac{\text{kurzfristige Verbindlichkeiten}}{\text{Umsatzerlöse}}$$

Vor BilRUG: $\frac{3.100.000€}{6.200.000€} = 0{,}50$

---

[274] Darstellung in Anlehnung an: vgl. *Zwirner*, DB 2015, Beilage 06 zu Heft Nr. 48, S. 27.
[275] Vgl. *Gleißner/Füser*, Praxishandbuch Rating und Finanzierung, S. 168.

Nach BilRUG: $\frac{3.100.000€}{6.330.000€} = 0,49$

Auswirkungen bei der Bilanzanalyse:

Die Bilanzanalyse ist ein wesentlicher Teil des Rating-Prozesses, nach der Darstellung der Kennzahlen und dem Vergleich der Kennzahlen vor und nach BilRUG ist zu sehen, dass sich die Kennzahlen durch die Erweiterung der Umsatzerlöse verschlechtert haben. Ein Teil dieser Kennzahlen wird bei der Kreditwürdigkeitsprüfung bei Banken betrachtet, sodass man mit schlechteren Ratings rechnen muss.[276]

Abwandlung: Kürzung der Umsatzerlöse bei zeitnaher Verbrauchsteuer:

Die ABC-GmbH ist eine Bierbrauerei, die Entnahme des Bieres an den Kunden erfolgt zeitnah zum Lieferzeitpunkt und damit zum Zeitpunkt der handelsrechtlichen Umsatzrealisierung, sodass eine Kürzung der Umsatzerlöse um die entsprechende Biersteuer gegeben ist.[277] Die Höhe der Biersteuer wird mit einer Höhe von 750.000€ bzw. 50.000 angenommen zur Vereinfachung.

Umsatzrendite:

Vor BilRUG: $\frac{140.000€}{6.200.000€ - 750.000€} \times 100 = 2,56\%$

Nach BilRUG: $\frac{140.000€}{6.330.000€ - 750.000€} \times 100 = 2,51\%$

Vor BilRUG: $\frac{140.000€}{6.200.000€ - 50.000€} \times 100 = 2,28\%$

Nach BilRUG: $\frac{140.000€}{6.330.000€ - 50.000€} \times 100 = 2,23\%$

Veränderung des EBIT[278]:

Vor BilRUG (2015)		Nach BilRUG (2016)	
Umsatzerlöse	6.200.000€	Umsatzerlöse	6.330.000
- Biersteuer	750.000€ / 50.000€	- Biersteuer	750.000€ / 50.000€
+ Sonst. betriebliche Erträge	370.000€	+ Sonst. betriebliche Erträge	240.000€
- Sonst. betriebliche Aufwendungen	60.000€	- Sonst. betriebliche Aufwendungen	90.000€

---

[276] Vgl. *Gleißner/Füser*, Praxishandbuch Rating und Finanzierung, S. 154-155.
[277] Vgl. *Zwirner*, BilRUG - Gesetze, Materialien, Kommentierung, S. 484.
[278] Darstellung in Anlehnung an: vgl. *Zwirner*, DB 2015, Beilage 06 zu Heft Nr. 48, S. 27.

EBIT	5.760.000€ / 6.460.000€	EBIT	5.730.000€ / 6.430.000€

Return on Investment:

Vor BilRUG: $\dfrac{140.000€}{6.200.000€-750.000€} \times \dfrac{6.200.000-750.000€}{7.250.000} \times 100 = 1,93103423\%$

Nach BilRUG: $\dfrac{140.000€}{6.330.000€-750.000€} \times \dfrac{6.330.000-750.000€}{7.250.000} \times 100 = 1,9310348\%$

Vor BilRUG: $\dfrac{140.000€}{6.200.000€-50.000€} \times \dfrac{6.200.000-50.000€}{7.250.000} \times 100 = 1,93103468\%$

Nach BilRUG: $\dfrac{140.000€}{6.330.000€-50.000€} \times \dfrac{6.330.000-50.000€}{7.250.000} \times 100 = 1,93103418\%$

Anteil kurzfristiger Verbindlichkeiten: [279]

$$\dfrac{\text{kurzfristige Verbindlichkeiten}}{\text{Umsatzerlöse}}$$

Vor BilRUG: $\dfrac{3.100.000€}{6.200.000€-750.000€} = 0,57$

Nach BilRUG: $\dfrac{3.100.000€}{6.330.000€-750.000€} = 0,56$

Vor BilRUG: $\dfrac{3.100.000€}{6.200.000€-50.000€} = 0,50$

Nach BilRUG: $\dfrac{3.100.000€}{6.330.000€-50.000€} = 0,49$

Auswirkungen bei der Bilanzanalyse:

Auch bei Unternehmen die die Möglichkeit haben die Verbrauchssteuer abzuziehen sind durch das BilRUG in den Kennzahlen schlechter gestellt, was Auswirkungen im Rating hat. Würde man der Meinung folgen, dass vor BilRUG keine Verbrauchssteuern abgezogen werden dürfen, dann würden sich die Unternehmen besser stellen aber auch nur dann, wenn die Ausweitung der Umsatzerlöse kleiner als der Abzug der Verbrauchssteuern ist.

III.   Fazit der Überprüfung

Bei der Überprüfung war es herauszufinden, ob sich durch die Ausweitungen der Umsatzerlöse Änderungen bei beispielhaften Kennzahlen die im Zusammenhang mit den Umsatzerlösen stehen ergeben. Festgestellt wurde, dass sich die Kennzahlen der Unternehmen durch die Erhöhung der Umsatzerlöse verschlechtert haben, auch bei Unternehmen, die die Verbrauchssteuern abziehen müssen. Sodass dies Auswirkungen auf das Ratingergebnis der

---

[279] Vgl. *Gleißner/Füser*, Praxishandbuch Rating und Finanzierung, S. 168.

Banken hat im Rahmen der Bilanzanalyse und sich die Bonität der Unternehmen verschlechtern kann, da die Bilanzanalyse ein Bewertungskriterium ist.[280]

G. Thesenförmige Zusammenfassung

Ziele der vorliegenden Arbeit war es sich mit den einhergehenden Gesetzesänderungen bei der Bilanzierung und deren Auswirkungen durch das BilRUG mit Bezug auf die Umsatzerlöse auseinander zu setzen. Zweitens sollte festgestellt werden, ob sich durch die Neudefinition der Umsatzerlöse Auswirkungen auf das interne Rating der Unternehmen ergeben. Zusammenfassend ist festzuhalten, dass sich mit der EU-RL 2013/34/EU der Bezug zur gewöhnlichen Geschäftstätigkeit gem. § 277 Abs. 1 HGB n.F. abgeschafft wurde. Daraus ergibt sich, dass die bisherigen sonst. betrieblichen Erträge zu den Umsatzerlösen ausgewiesen werden. Aber auch nur dann, wenn diese eine gewisse Nähe zu dem Umlaufvermögen haben. So sind Anlageverkäufe weiterhin sonst. betriebliche Erträge außer es handelt sich um ein duales Geschäftsmodell. Des Weiteren entfallen die Erläuterungspflichten für außerordentliche Erträge und Aufwendungen gem. § 277 Abs. 4 Satz 2 HGB a.F., diese wurden jedoch im Anhang gem. § 285 Nr. 31 und 32 HGB n.F. verlagert. Auch werden die Steuern die wertmäßig und zeitlich direkt mit den Umsatzerlösen im Zusammenhang stehen abgezogen. Allerdings wird der Mehrwert der Ausweitung der Umsatzerlöse kritisch betrachtet, zwar ist das Ziel der EU-RL, dass kleine und mittlere Kapitalgesellschaften von Erleichterungen profitieren, jedoch kann in Einzelfällen die Erweiterung, die Umsatzerlöse erhöhen, sodass eine Überschreitung der Schwellenwerte drohen kann, wodurch die Erleichterungen hinfällig wären. Auch müssen Financial Covenants und andere umsatzabhängige Verträge überprüft werden, was den Mehraufwand erhöhen wird. Im Rahmen einer Untersuchung mit dem Ziel die Auswirkungen der Ausweitung der Umsatzerlöse bezogen auf die Änderungen der Kennzahlen, die im Zusammenhang mit den Umsatzerlösen zu stehen, wurden vor und nach dem BilRUG verglichen, um Schlussfolgerungen auf das Rating zu ziehen. Das Ergebnis der Untersuchung war, dass sich die Kennzahlen nach dem BilRUG verschlechtert haben, was Auswirkungen im Rating haben wird. Dadurch wird ebenfalls das Bild der Vermögens-, Finanz- und Ertragslage verwässert. Jedoch ist anzunehmen, dass sich einige strittige Sachverhalte durch Auslegung der GoB weiter entwickeln werden.

---

[280] Vgl. *Gleißner/Füser*, Praxishandbuch Rating und Finanzierung, S. 79.

Literaturverzeichnis

Begründung des Regierungsentwurfs vom 20.02.2015 (BT-Druck 18/4050).

Beschlussempfehlung und Bericht des Ausschusses für Recht und Verbraucherschuss (6. Ausschuss) zu dem Gesetzesentwurf der Bundesregierung – Drucksachen 18/4050, 18/4351 vom 17.06.2015 (BT-Druck 18/5256).

Bundesgesetzblatt Jahrgang 2015 Teil 1, Nr. 32, S. 1400.

Regierungsentwurf vom 23.01.2015 (BT-Druck 23/15).

Urteile:

BGH, Urteil vom 24.05.205 – IX ZR 123/04.

Literatur:

Achleitner, Ann-Kristin / *Everling*, Oliver / *Niggemann*, Karl A.: Finanzrating, 1. Auflage, Wiesbaden 2007 (zitiert: *Everling*).

Adler, Hans / *Düring*, Walther / *Schmaltz*, Kurt: Rechnungslegung und Prüfung der Unternehmen, 6. Auflage, Stuttgart 1997.

Bestmann, Uwe: Betriebswirtschaftliche Formelsammlung – Kommentierte Kennzahlen, 1. Auflage, München 2011.

Bieg, Hartmut / *Kußmaul*, Heinz / *Waschbusch*, Gerd: Externes Rechnungswesen, 6. Auflage, München 2012.

Brox, Hans / *Henssler*, Martin: Handelsrecht, 22. Auflage, München 2016.

Coenenberg, Adolf / *Haller*, Alex / *Schultze*, Wolfgang: Jahresabschluss und Jahresabschlussanalyse, 24. Auflage, Stuttgart 2016.

Gleißner, Werner / *Füser*, Karsten: Praxishandbuch Rating und Finanzierung, 3. Auflage, München 2014.

Grunewald, Barbara / *Schlitt*, Michael: Einführung in das Kapitalmarktrecht, 3. Auflage, München 2014.

Beck'sches Steuer- und Bilanzrechtslexikon, Edition 2/16, München 2016 (zitiert: *Fey*).

Hendricks, Lukas: BilRUG für Praktiker, 1. Auflage, Weil im Schönbuch 2015.

Jung, Peter: Handelsrecht, 10. Auflage, München 2014.

Reichling, Peter (Hrsg.): Risikomanagement und Rating, 1. Auflage, Wiesbaden 2003 (zitiert: *Lüdicke*).

Reichling, Peter (Hrsg.): Risikomanagement und Rating, 1. Auflage, Wiesbaden 2003 (zitiert: *Schöne*).

Schult, Eberhard / *Brösel*, Gerrit: Bilanzanalyse, 12. Auflage, Berlin 2008.

Beck'sches Steuer- und Bilanzrechtslexikon, Edition 2/16, München 2016 (zitiert: *Weber*).

Winnefeld, Robert: Bilanz-Handbuch, 5. Auflage, München 2015.

Wöhe, Günter / *Mock*, Sebastian: Die Handels- und Steuerbilanz, 6. Auflage, München 2010.

Wöhe, Günter / *Kußmaul*, Heinz: Grundzüge der Buchführung und Bilanztechnik, 7. Auflage, München 2010.

Wöhe, Günter: Einführung in die Allgemeine Betriebswirtschaftslehre, 25. Auflage, München 2013.

Zwirner, Christian: BilRUG – Gesetze, Materialien, Kommentierung, 1. Auflage, München 2016.

Aufsätze:

Haaker, Andreas: Inkonsistenzen durch die neue BilRUG-Umsatzdefinition bei einer Gewinn- und Verlustrechnung nach dem Umsatzkostenverfahren, DStR 2015, S. 963-965.

Kirsch, Hanno: Voraussichtliche Auswirkungen des BilRUG auf die GuV-Rechnung und die GuV-Rechnung betreffenden Angaben, DStR 2015, S. 664-670.

Krimpmann, Andreas / *Lorson*, Peter / *Müller*, Stefan: Bilanzrichtlinie-Umsetzungsgesetz (BilRUG) als Herausforderung für das Controlling, Controller Magazin, Ausgabe Januar/Februar 2016, S. 23-28.

Lützenrath, Christian / *Schröer*, Markus: Kredit & Rating Praxis, 05/2001, S. 19-21.

Müller, Stefan: Der außergewöhnlich seltsame Umgang mit dem Außerordentlichen im Handelsrecht, BC, Ausgabe 2/2016, S. 58.

Müller, Stefan: Keiner hat sie so richtig gewollt – und doch ist sie da: die neue Umsatzerlösdefinition nach dem BilRUG, BC, Ausgabe 1/2016, S. 8.

Müller, Stefan: Bilanzrichtlinien-Umsetzungsgesetz: Antworten auf die häufigsten Fragen (Teil 1), Bilanz+Buchhaltung, Ausgabe 12/2015, S. 24-27.

Müller, Stefan / *Lange*, Tobias / *Kreipl*, Markus: Bilanzrichtlinien-Umsetzungsgesetz: Erhöhte Schwellenwerte im Fokus, Bilanz+Buchhaltung, Ausgabe 10/2014, S. 22-25.

Schmidt, Harald / *Rosarius*, Lothar: Bilanzrichtlinien-Umsetzungsgesetz: Das BilRUG und seine Auswirkungen für die Praxis, Bilanz+Buchhaltung, Ausgabe 10/2015, S. 22-24.

Zwirner, Christian: Neudefinition der Umsatzerlöse nach BilRUG: Auswirkungen der neuen Abgrenzung für die Praxis, BC 2015, S. 539-544.

Zwirner, Christian: Reform des HGB durch das BilRUG – Ein Überblick über die wesentlichen Detailänderungen im Einzelabschluss, DStR 2014, S.1784-1791.

Zwirner, Christian: Reform des HGB durch das BilRUG – mehr als nur eine Rechnungslegungsreform, DStR 2015, S. 375-381.

Zwirner, Christian: BilRUG: Wesentliche Änderungen für Einzel- und Konzernabschluss, DB 2015, Beilage 06 zu Heft Nr. 48, S. 1-28.

Kommentare:

Beck´scher Bilanz-Kommentar zum HGB, § 267, 10. Auflage, München 2016 (zitiert: BeBiKo - *Winkeljohann / Lawall*).

Beck´scher Bilanz-Kommentar zum HGB, § 275, 10. Auflage, München 2016 (zitiert: BeBiKo - *Schmidt / Peun*).

Bech´sche Kurz-Kommentare zum HGB, § 275, 36. Auflage, München 2014 (zitiert: *Merkt*).

Beck-Online Großkommentar, § 581 BGB, München, 2016 (zitiert: *Schlinker*).

EBJS, HGB, § 277, 3. Auflage, München, 2014 (zitiert: *Böcking / Gros*).

Haufe HGB Bilanz Kommentar, § 275, 4. Auflage, Freiburg 2013 (zitiert: *Wobbe*).

Haufe HGB Bilanz Kommentar, § 277, 4. Auflage, Freiburg 2013 (zitiert: *Wobbe*).

Haufe HGB Bilanz Kommentar, § 243, 4. Auflage, Freiburg 2013 (zitiert: *Noodt*).

Michalski, GmbHG, §§ 41–42a, 2. Auflage, München 2014 (zitiert: *Sigloch/Weber*).

Münchner Handbuch zum Arbeitsrecht, § 17 Arbeitnehmereigenschaft und Vertragsgestaltung, 3. Auflage, München 2009 (zitiert: *Richardi*).

Münchner Kommentar zum HGB, § 277, 3. Auflage, München 2013 (zitiert: *Reiner/Hauser*).

Münchner Kommentar zum Bilanzrecht, § 277 HGB, 1. Auflage, München 2013 (zitiert: *Kessler/Freisleben*).

Staub Großkommentar zum Handelsgesetzbuch, § 275 HGB, 5. Auflage, Berlin 2014 (zitiert: *Hüttemann/Meyer*).

Staub Großkommentar zum Handelsgesetzbuch, § 264 HGB, 4. Auflage, Berlin 2002 (zitiert: *Hüttemann*).

Russ, Wolfgang / Janßen, Christian / Götze, Thomas: BilRUG – Auswirkungen auf das deutsche Bilanzrecht, 1. Auflage, Düsseldorf 2015 (zitiert: *Baumann*).